Ainsi soient-ils

Hélène Vecchiali

AINSI SOIENT-ILS

Sans de vrais hommes,
point de vraies femmes...

calmann-lévy

ISBN 2-7021-3556-0

À Damien et à Delphine,
pour ce qu'ils sont,
avec toute ma tendresse infinie.

Introduction

« Une femme sans homme, c'est comme un poisson sans bicyclette », tel était le slogan scandé par certaines féministes sur les pavés de mai 68. Ce soulèvement social des femmes était légitime. Aujourd'hui, malheureusement, ce combat doit continuer sans fléchir dans de trop nombreux domaines. Combat auquel moi, femme, je m'associe avec force pour notre liberté, notre dignité, notre égalité, notre différence, notre respect, voire même... notre intégrité physique !

Mais pour ma génération baby-boom, les femmes ne poursuivent-elles pas trop loin ce combat dans l'intimité des liens personnels, subjectifs ? Ne transforment-elles pas cette saine révolte (changement de cap) en une stérile révolution (revenir au même point) ? Ne répondent-elles pas ainsi, de façon vengeresse, au « primat du phallus » par un « primat du féminin » ? Et cette réponse de la bergère au berger ne se traduit-elle point par un dérapage vers une réification – une « chosification » – des sujets-mâles en objets-féminisés ?

En quoi le féminin serait-il plus valeureux que le masculin ? Comment réagirions-nous si les hommes exigeaient de façon lancinante que les femmes développent leur « part masculine » ? Même les pires machos, dans les pires moments de la négation des femmes, n'ont jamais songé, eux, à nous « masculiniser » !

Le film américain *Un jour sans fin*[1] est un paradigme frappant de ce prosélytisme : ce long-métrage veut « démontrer » l'influence positive des valeurs féminines sur l'évolution des hommes.

Au début du film, le héros, un macho épouvantable, se retrouve coincé par les neiges dans une petite ville de province. Il est journaliste et doit couvrir pour la télévision un événement météorologique local : « La journée de la marmotte ». Son assistante, une jeune femme souriante, douce, généreuse, écologiste, cultivée et très jolie, lui inspire rapidement du désir. Mais cette attirance n'est pas réciproque, puisque cette femme idéale ne peut tomber amoureuse d'un macho aussi mal dégrossi.

L'originalité du film tient dans une astuce du scénario : le temps va rester bloqué. Le héros revit donc, en boucle et à l'infini, son premier jour dans le village isolé. Chaque matin, en se réveillant, il constate avec effroi que la date du calendrier est identique et que les mêmes événements se reproduisent, mais qu'il est

1. *Un jour sans fin*, titre original *Groundhog Day*, film de Harold Ramis, avec Andie MacDowell, Bill Murray, 1993.

le seul à subir ce châtiment, les autres personnages du film vivant eux, à chaque fois, cette journée pour la première fois. Après une période de désespoir et d'expériences rebelles (tentative de suicide, bagarres, insultes...), il tente de séduire sa fameuse assistante, qui, bien sûr, ignore tout de cette répétition, de ce principe cyclique.

Grâce à un processus d'essais-erreurs rendu possible par cette redite journalière, inéluctable, des mêmes scènes, il découvre les goûts, les centres d'intérêt, les souhaits de cette femme, toutes les choses auxquelles elle est sensible. Cela lui permet, peu à peu, de tracer les contours de son homme idéal. Jour après jour, en adoptant la bonne attitude là où, la veille, il avait échoué, il procède donc à l'apprentissage du comportement masculin rêvé. Il apprend ainsi, entre autres « bonnes » choses, le secourisme, le piano, les poètes italiens du XVIe siècle, la sculpture sur glace. Et, forcément, il se met à aimer la nature et à être attentif aux autres...

Sa récompense sera double. D'abord, une nuit d'amour bien méritée avec sa dulcinée. Ensuite et surtout, la délivrance : sa capacité à aimer enfin « correctement » (c'est-à-dire sur le mode féminin) va le délivrer de ce « jour sans fin ». Une nouvelle journée s'annonce en même temps que la perspective d'une vie nouvelle avec l'héroïne. La princesse charmante a réveillé son amoureux victime d'un maléfice (le machisme) et l'emmène dans un monde idéal (féminisé). La femme, ici, est bel et bien « l'avenir de l'homme »... soumis.

Évidemment, on ne peut nier qu'il soit préférable d'être généreux et altruiste plutôt qu'avare et égoïste... Mais est-ce bien sur le mode du dressage que ces mutations doivent s'opérer ? Pour ma part, j'y vois un homme « féminisé » sans aucun respect pour ses propres envies ; un homme « maternisé » dans un apprentissage enfantin fondé sur la logique récompense/punition ; un homme « pasteurisé », c'est-à-dire « stérilisé » dans ses désirs, voire « castré » dans sa puissance et ses valeurs masculines.

De nombreuses féministes m'ont parlé de ce film comme de leur film culte : « Enfin le rôle de la femme par rapport à l'homme est reconnu à sa juste valeur ! » Quatre amis divorcés et quadragénaires auxquels, lors d'un dîner, je demandais leur avis sur ce film ont répondu à ma grande stupéfaction : « Cet homme a réussi là où nous avons échoué : nous n'avons pas su nous plier à ces exigences féminines, nous n'avons pas su apprendre d'une femme. » Mais pour ces hommes, cautionner cet irrespectueux « domptage » ne relève-t-il pas du syndrome de Stockholm (la victime s'identifie à son bourreau en épousant sa cause), plutôt qu'il ne témoigne d'une évolution salutaire des mœurs ?

On remarquera accessoirement que, d'un bout à l'autre de l'histoire, la « pure » assistante n'a, pour sa part, pas bougé d'un iota...

Il existerait donc en chacun de nous, homme et femme confondus, tout un stock d'émotions – tendresse, sensibilité, douceur, écoute bienveillante, attention, générosité, etc. –, émotions uniquement positives, à vivre, à exprimer, à développer et qui seraient notre part... féminine. Et notre « part masculine » alors ? Le raisonnement ne le dit pas, mais il laisse supposer le pire sur sa qualité ! On peut par ailleurs s'interroger sur cette dichotomie sexiste infligée aux qualités humaines, qualités féminines/qualités masculines. N'y aurait-il pas tout simplement des qualités que chacun, homme ou femme, s'autorise à explorer à sa manière, avec plus ou moins de jouissance ? Jouissance au sens notarial du terme, c'est-à-dire en s'appropriant et en osant utiliser toutes ses expressions possibles dans tous les recoins de son identité. Un homme qui pleure n'exprime pas sa part féminine, il exprime son chagrin ! Il pleure à la façon d'un homme qui s'autorise une attitude masculine nouvelle, certes peu exploitée par ses ancêtres.

Ce diktat du féminin est à présent implicitement passé dans les mœurs. Le « fémininement correct » a supplanté le « politiquement correct ». « Fémininement correct » devient même un pléonasme puisque, aujourd'hui, « féminin » est par essence même « correct ». Tellement correct que, tacitement ou explicitement, tout le monde accepte – jusqu'à s'en féliciter et à accélérer ce processus – de le voir envahir et recouvrir tous les domaines du vivant : le couple, la famille et la société.

En tant que femme, compagne, mère de deux jeunes adultes, amie, fille, sœur, citoyenne et, secondairement, psychanalyste puis aujourd'hui consultante en ressources humaines dans les entreprises, j'ai souhaité faire part de mes inquiétudes, de mon désarroi et de mes espoirs.

Plus concrètement, j'ai tenté d'émettre des hypothèses sur les motivations féminines pour cette féminisation à outrance et sur la docilité apparente des hommes. Puis j'ai entrepris d'en indiquer les méfaits. On connaît les limites de l'exercice : comme pour toute généralisation et toute théorie, les exceptions et les nuances existent, heureusement, et sont les bienvenues. J'ai aussi essayé d'explorer des solutions, utopiques ou réalistes.

J'ai enfin simplement voulu faire entendre une voix femme qui, face à un consensus féminisant, veut provoquer. *Provocare*, c'est-à-dire « appeler dehors » les femmes, bien sûr, mais aussi et surtout... les hommes.

LE COUPLE

Le couple est certainement le lieu à plus haut risque pour l'identité de chacun. Lieu de tous les dangers, il est aussi celui de tous les bonheurs espérés. Dans la Bible comme dans nombre d'écrits, de Freud à Michel Houellebecq, de Platon à George Sand, ou bien encore dans le rapport Kinsey, la réussite du couple fait figure de Graal : but ultime sans cesse poursuivi, jamais atteint, énigme constante sans cesse interrogée, toujours irrésolue.

Avec une admirable persévérance, chaque génération bricole ses solutions pour concilier tendresse et sexualité dans cette intimité à deux. Mais les solutions que trouve chaque sexe visent surtout l'autre... sexe et nous assistons, presque à chaque génération, à des retours de balancier privilégiant tantôt les hommes (sociétés machistes), tantôt les femmes (sociétés matriarcales). Et si chacun des protagonistes essayait d'abord de balayer devant sa porte ? Et puisque je suis une femme, c'est devant notre propre porte féminine que je vais tenter de balayer.

Pendant des siècles, pour dominer le couple et ne pas s'y perdre, les hommes ont imposé aux femmes leur méthode : le cloisonnement. Pour être comblés avec leurs compagnes sans prendre le risque d'un amour total, ils séparaient la « maman » (l'amour pur et quasi filial) de la « putain » (l'amour sexuel). Et appliquaient cette dichotomie dans leurs fantasmes... ou dans les faits : une épouse-mère à la maison et une maîtresse à l'extérieur.

À leur tour aujourd'hui, les femmes du baby-boom tentent légitimement d'appliquer leur propre solution. Elles voudraient imposer aux hommes leurs propres valeurs et les soumettre ainsi à de tout autres formes de dichotomie : être sensibles mais hardis, protecteurs mais pas machos, élégants mais non efféminés, P-DG mais disponibles, bricoleurs et ménagères, être à l'écoute mais savoir deviner, être plus forts mais ne pas le montrer, se confier sans se faire materner, être sûrs de soi mais douter. En résumé, faire cohabiter dans ces nouveaux mâles Leonardo DiCaprio et John Wayne, c'est-à-dire mobiliser chez eux « leur part de féminin » mais, bien sûr, tout en les gardant... virils ! Cela s'appelle une « double contrainte », c'est-à-dire infliger à quelqu'un de vivre en même temps deux injonctions absolument opposées. Or, l'effet obtenu, chez tout être humain équilibré, est l'immobilisme ou la fuite. Immobilisme de l'homme dès l'instant de la rencontre jusqu'au mariage ?

La féminisation de la rencontre

Immobilisme et fuite réduisent considérablement les chances de rencontres ! Or, un couple, c'est d'abord une rencontre. Et dans ce domaine, on assiste à une inversion des tendances : les femmes, dans un pragmatisme plein de bon sens, ont décidé de devenir plus actives. Il est vrai que les hommes, habitués jusqu'alors à être acteurs décisionnels des premiers gestes amoureux, commencent à se montrer un peu frileux face à ces inquiétantes *wonder women*. Celles-ci ont donc entrepris de résoudre ce problème en multipliant les occasions de rencontre, tout en affichant ouvertement l'objectif séduire et/ou être séduites au cours de dîners de célibataires, *blind dates*, sept minutes, etc. Les publicités concernant ces rendez-vous en soirées, au bar, au téléphone ou sur Internet sont d'ailleurs systématiquement annoncées par des voix féminines.

Chantal, une amie divorcée de quarante-neuf ans, se plaignait de sa solitude mais n'osait franchir le pas d'une recherche active. Elle a profité de mon souhait d'écrire sur ces nouveaux rituels pour s'auto-investir d'une mission d'enquêtrice en assistant à un dîner dansant. L'organisatrice, Jeanne, avait réuni trente couples de célibataires ne se connaissant pas. Ils avaient pour instruction de se déplacer au gré des différents plats. Lorsque Chantal s'est trouvée à la table de Jeanne pour le dessert, elle a été horrifiée de l'entendre questionner les hommes présents : « Alors, avez-vous trouvé chaussure à votre pied ? Ne me dites pas qu'il n'y a pas une femme qui vous convienne dans le lot ? » Cependant, Chantal, sceptique au départ, a fini par réviser son jugement : au cours de la soirée, un sémillant célibataire de son âge lui a fait une cour élégante mais décidée. Le monsieur a ensuite proposé de la raccompagner, lui a demandé son adresse d'une voix ferme et a accompli tous les gestes du galant homme avec un déterminisme affiché. Chercher le manteau au vestiaire, l'aider à le passer, lui ouvrir la porte du restaurant, puis la portière de la voiture. Pourtant, une fois seuls dans l'habitacle, le Prince Charmant s'est soudain transformé en petit garçon bredouillant et inquiet et, après avoir été déposée, Chantal n'a plus jamais entendu parler de son chevalier servant, muet pendant la quasi-totalité du trajet. Le courage au sein d'un groupe ne permet malheureusement pas de faire l'économie du courage individuel !

Toutes les liaisons nées au cours de ces soirées ne se terminent pas forcément de la sorte, mais on peut s'interroger sur la pertinence de ces aménagements pour les hommes. Est-ce que féminiser cette première confrontation homme-femme en laissant l'initiative du premier pas à la femme ne va pas en augmenter la complexité pour l'homme ? En effet, pour se décider celui-ci doit, généralement, satisfaire au moins deux impératifs, déjouer deux peurs : celle de l'impuissance, inquiétude physiologiquement humaine, et celle de l'imposture. Cette dernière relève des conditions psychologiques de sa naissance : le petit garçon, dans la plupart des cas, « tombe dans la marmite de l'imposture » en même temps qu'il « tombe dans la marmite de l'œdipe ». Sa mère vit un fantasme de complétude totale avec lui, elle l'engloutit dans son désir et le positionne comme l'homme parfait, celui qui la consolera des défaillances de tous les hommes qu'elle a connus jusqu'ici, maris, pères, amants, amis, etc., hommes forcément défaillants puisque humains. À défaut de le savoir consciemment, le petit garçon sent qu'il est inventé, que sa mère lui prête une puissance, des pouvoirs qu'il n'a pas, que cette douce et flatteuse idolâtrie est une mystification.

Faire le premier pas vers une inconnue permet donc à ce petit enfant devenu homme d'accomplir une avancée décisive dans sa lutte contre l'imposture : il se prouve ainsi qu'il est capable de désirer, de conquérir, de séduire une femme qui ne l'a pas procréé. Cette fois, c'est son propre désir qui influe sur celui de la femme ; il la fait tomber dans sa « marmite de désir » et renverse ainsi sa dynamique par rapport à sa mère. Si on lui enlève cette prise de risque, le risque du « non », lui à qui sa mère a toujours dit « oui », si on le dépossède de cet acte de courage dans ces rencontres organisées où toutes les femmes sont là avec une acceptation presque affichée, une acceptation d'emblée qui ressemble étrangement à l'acceptation de sa mère, l'homme est spolié d'une étape initiatique par rapport à cette imposture. Et le couple est peut-être privé de son premier fondement.

Par ailleurs, pour ce qui concerne l'impuissance, ces rencontres organisées sur le mode féminin empêchent justement l'homme d'aiguiser l'antidote à sa crainte virile, sa puissance. Si symboliquement il est en présence d'un « gibier mort » ou d'un gibier à moitié estourbi, comment va-t-il pouvoir mesurer sa force, sa virilité, sa victoire sur les autres rivaux ? Ne parlons même pas de l'appétit du chasseur, que seule la pénurie peut amener à se contenter d'un gibier mort. De quelle pénurie est-il donc question dans notre monde d'humains ? D'une carence en hommes et en femmes assumant leur propre identité sexuée, sans chercher à usurper celle de l'autre sexe ? L'identité virile des hommes exige, dans ces prémices amoureux, de mesurer leur vigueur. Là aussi, ils ont sans doute besoin de régler un vieux compte, mais cette fois-ci avec leur père, image du mâle pour le petit garçon. Souvent préférés par leur mère et le lui rendant bien, convaincus d'imposture en prenant la place symbolique de leur père, les petits garçons s'inquiètent de la réaction de leur papa : celui-ci va-t-il les « castrer » pour les punir ?À l'âge adulte, ce schéma de la conquête, de la chasse – au sens noble du terme – est donc une façon pour le mâle de commencer à jauger sa virilité, son éventuelle victoire sur les autres hommes et, par rapport à une femme, sa possible « puissance » sexuelle.

Ces entrevues agencées sur le mode féminin

seraient donc la parade nuptiale moderne, avec ses règles inversées. La femme s'imposerait alors comme un « nouveau paon », maître du manège mais... sans les attributs. « À présent, nul besoin de queue au jeu de la séduction, s'inquiète malicieusement un ami psychanalyste, le message est clair pour nous les hommes, mais les femmes devront assumer notre amputation jusque dans leur lit ! »

La sexualité exigeante des femmes

Comment s'interroger sur les liens amoureux entre les hommes et les femmes sans oser parler de sexualité ? Si, comme l'affirme l'expression populaire, « le diable se cache dans les détails », c'est bien dans ceux-là ! Ces moments intimes sont pour tous, hommes et femmes, régis par le sacré. Hors notre volonté, le désir surgit, nous transcende, nous émeut et, dans cet état de grâce, nous pénétrons dans un espace intemporel et apragmatique. Et dans cet espace-là aussi, les femmes ont heureusement conquis leur place. La revendication équitable de notre plaisir a été entendue... mais sommes-nous toujours de bonne foi dans ce domaine ? Lors d'une interview télévisée, une actrice célèbre, dont je tairai le nom par solidarité féminine, dévoilait de façon très impudique : « Les hommes me ratent (*sic !*) très souvent, n'arrivant pas à me procurer du plaisir, mais moi je me réussis toujours. » De manière moins crue, les sondages confirment la récurrence de cette plainte. De nombreuses femmes déplorent leur insatisfaction sexuelle et la gaucherie des hommes. Mais la première question qui vient alors à l'esprit est : pourquoi les femmes, si prolixes habituellement, sont-elles soudain si muettes pour révéler leur « mode d'emploi » à leur partenaire ? Et si cette insatisfaction comportait quelques bénéfices ?

Le mot « bénéfice » pourrait paraître paradoxal dans son association à une souffrance. Et pourtant, l'être humain est ainsi fait : s'il entretient un dysfonctionnement douloureux et énigmatique (un symptôme), c'est que cela a un sens pour lui, un sens ignoré consciemment, mais bénéfique inconsciemment. Ce comportement est une échappatoire à une angoisse résultant d'un conflit méconnu, refoulé car insupportable.

De quel conflit pourrait-il s'agir, et en quoi nous les femmes serions-nous bénéficiaires de cette insatisfaction sexuelle ? Une jeune patiente, Julie, récemment mariée, s'inquiétait de la qualité de ses relations avec son mari. Elle avait abordé le mariage comme un conte de fées, dans le déni des réalités sexuelles, soutenue en cela par une mère de devoir... Très gênée, elle me confia pourtant clairement : « Je sais bien que ma sexualité avec Alain n'est pas satisfaisante pour moi, mais je suis sûre que si je lui parle, je tue son désir, et puis j'ai trop honte de dire ces choses-là, il n'a qu'à deviner. »

Nous souhaiterions donc être devinées, comme si

nous étions encore sans parole, étymologiquement *infans* ? Comme une petite fille avec sa mère ? Est-ce la nostalgie de cette entente maternelle pure, du latin *purus*, « sans mélange », « sans éléments étrangers », qui pousse les femmes à vouloir féminiser les hommes, sous couvert d'un juste retour des choses après des siècles de machisme ? Est-ce ce souhait de se réfugier à nouveau dans un cocon pur, sans être dérangée par un Autre (autre se dit *heteros*, en grec) ? À la fin du film *Un jour sans fin*, l'héroïne accepte de vivre avec cet homme modelé à son image. Imagine-t-elle inconsciemment qu'avec cet homme devenu féminin elle va retrouver le couple fusionnel qu'elle a vécu, ou cru vivre, avec cette autre femme, sa mère ? Féminiser les hommes serait donc la solution féminine permettant aux femmes de regagner ce paradis perdu et d'éviter la problématique du désir surgie du couple hétérogène ? Solution de toute façon illusoire, car on ne peut évidemment retourner (*pervertere* en latin, même étymologie que « pervers ») à ce lien jouissif avec du même-que-soi, à cette petite enfance homo-sensorielle avec la mère, à ce temps béni où nous pouvions faire l'économie de la problématique du désir... avec un homme.

Cette petite enfance où la fille, contrairement au garçon, commence effectivement sa vie émotionnelle et corporelle sur le mode homo-sensoriel. Sa mère et elle-même sont du même sexe, le désir est donc absent, la tendresse est présente, tout est tranquille... jusqu'à ce que la fillette remarque à quel point sa mère s'anime, s'émerveille en présence d'humains d'un sexe différent, les hommes. Et jusqu'à ce que la petite fille remarque qu'un Autre, différemment sexué encore, son père, la prive de sa mère de temps en temps. La femme prend très tôt conscience que la tendresse féminine est plus calme que les liens sexués. Nous aurions donc un réflexe nous faisant refuser la différence des sexes, puisque nous la vivons comme défavorable pour nous ? Pour nous, d'ailleurs, le toucher s'est d'abord inscrit sous le sceau du même, c'est un toucher tendresse. Aussi les femmes se touchent-elles sans crainte, volontiers. Pour les hommes, cette initiation au contact s'est faite avec de l'autre, la mère, c'est un toucher érotisé. Ils sont donc, eux, plus réticents. Réticence pour les hétérosexuels à toucher d'autres hommes par refus du risque érotique, et réticence à toucher des femmes par crainte d'un élan érotique non maîtrisé.

Un autre « bénéfice » pour les femmes pourrait justement être lié à la contestation de notre castration, coupure symbolique mais également réelle : on reconnaît une fille, à la naissance, au fait qu'« elle ne l'a pas ». Certaines féministes réfutent ce « elle ne l'a pas » pourtant plein de bon sens. Ce n'est pas un comportement machiste de la part du médecin, c'est une évidence visuelle ! Mais il est vrai que ce sexe masculin visible est aussi celui qui s'inscrit sous le sceau immédiat du désir, puisque enfanté par une femme. Rêvons un peu : si les hommes accouchaient, leurs filles seraient Autres, donc désirables. Peut-être alors que notre « elle ne l'a pas » serait envié par les garçons ? En effet, ils se sentiraient ainsi non désirés puisque enfantés par un homme, individu du même sexe qu'eux ?

À sa naissance, la fillette est donc inscrite, en quelque sorte, sous le mode négatif. Le positif étant à l'inverse, comme sur une pellicule photo, le petit garçon. Notre sentiment d'être insatisfaisante dans le monde sexuellement différencié nous inciterait à vouloir privilégier un monde homo-uniforme. En faisant ainsi douter les hommes sur leur capacité à nous satisfaire, il y aurait donc, inconsciemment là aussi, une forme de revanche envers ce sexe masculin et sa supposée puissance innée que nous « n'avons pas ».

Il est vrai cependant que nos compagnons, par ailleurs admirables bricoleurs et garagistes hors pair – capables, n'est-ce pas, de démonter et de remonter un moteur de Ferrari les yeux bandés –, peuvent se montrer subitement d'une immense maladresse au creux de notre lit. Il y aurait donc également pour l'homme des bénéfices à ne pas satisfaire tout à fait sa partenaire ? Par peur d'être prisonnier de ce plaisir qu'il donnerait et du déchaînement qui pourrait s'ensuivre, si elle devenait trop satisfaite donc trop demandeuse, lui imposant ainsi un rythme inquiétant ?

Madeleine, une patiente de trente-neuf ans, a fait les frais de cette crainte masculine au cours de son analyse. C'était une femme qui avait consacré toute son énergie à élever ses trois filles dans le respect de la religion catholique, de leur père, de la famille, du travail bien fait. Madeleine s'était oubliée dans cette noble mission mais, sous son air effacé, quelques éclats dans ses yeux laissaient penser que ses propres désirs n'étaient pas tout à fait éteints. Son souhait de vouloir y réfléchir le prouvait. Son mari lui reprochait de ne jamais prendre d'initiatives et de ne pas avoir été active dans leur vie sexuelle tout au long de leurs douze ans de mariage. Cette femme a tellement progressé dans la conquête de sa féminité qu'un soir, avec des désirs évidents, elle a assailli son époux... qui s'est immédiatement enfui de chez lui et a roulé toute la nuit avant de revenir, tout penaud, plusieurs heures plus tard.

Un autre bénéfice de l'insatisfaction sexuelle féminine pour l'homme pourrait être de se préserver ainsi de sa peur de l'amour intense. Et, inconsciemment, de se venger ainsi d'une autre femme, sa mère, qui exigeait la satisfaction de ses propres désirs aux dépens de ceux de son fils ? Cette mère elle aussi « trop demandeuse », sans possibilité de refus, et imposant un « rythme inquiétant », sans possibilité de répit.

La responsabilité est donc réciproque et peut-être devrions-nous nous questionner ensemble, hommes et femmes, sur une sexualité parfois inconsciemment vengeresse. Les hommes ne peuvent être tenus pour seuls responsables de tous les maux liés au désir, d'abord parce que c'est aussi un problème pour eux.

Quel que soit le sexe, le désir est sève et tourment. Une des origines mythiques du désir amoureux est particulièrement explicite sur ce thème délicat. Éros, symbole du désir amoureux, est le fils de Pénia, mendiante, et de Poros, dieu des ressources, du chemin. Penia a conçu son fils à l'insu de Poros. Ce dernier, allongé dans un pré, cuvait son nectar à la fin d'un banquet des dieux. Le désir est donc le fruit de la pauvreté et de l'abondance : il est né d'un manque chez une humaine, mais n'a pu surgir chez Poros, dieu plein et repu. Ce premier mythe met en évidence le manque fondamental qui est à l'origine du désir, ainsi que sa nature contradictoire : ressource et vide, grandeur et misère, ignorance et connaissance.

Conscientes de cette complexité du désir, les femmes cherchent des solutions, parfois surprenantes, car elles subissent une grande injustice. Elles ont deux retournements à opérer. Elles doivent d'abord se réconcilier avec leur insatisfaction puis se questionner sur leur propre désir. Les hommes, eux, ont « juste » – doux euphémisme – à se réconcilier avec leur peur, peur d'une passion vertige, hors contrôle, non maîtrisable, incarnée par une femme Toute, c'est-à-dire à la fois maman et putain...

En effet, la petite fille, devenue femme, s'interroge sans cesse sur sa capacité à susciter le désir. Mais être ainsi « appendue » – c'est-à-dire sans cesse questionnante – au désir de l'autre envers elle lui fait occulter la question de son propre désir.

Marie s'est montrée particulièrement éclairante à

ce sujet. Alors qu'elle décrivait, pendant sa psychanalyse, sa rencontre avec un homme et s'appesantissait longuement, avec émerveillement, sur les démonstrations pressantes du désir que celui-ci lui témoignait, je lui demandai ce qu'elle ressentait de son côté : « Et vous ? » Elle ne répondit pas. Je répétai cette question à plusieurs reprises au cours de cette même séance. À chaque fois, cette très jolie blonde de quarante ans, petite et menue, demeura silencieuse un instant puis reprit aussitôt la jouissance de sa narration. Jusqu'au moment où, agacée, elle m'a (ou s'est) avoué : « Ce que je ressens ? Je n'en sais rien... Je crois que s'il n'était pas venu vers moi avec autant de désir, je ne l'aurais jamais remarqué. »

La demande en mariage au féminin

Les Français recommencent à se marier, dit-on [1]. L'information ne dévoile pas le sexe du demandeur mais on sait qu'en la circonstance, les femmes aussi prennent des initiatives.

Tout d'abord, que nous dit l'étymologie, inconsciente des mots et des coutumes ? Mariage provient de *mas*, *maris*, qui se traduit par « mâle ». C'est sans doute parce qu'elle ignore cette étymologie que TF1 a diffusé en février 2004 une nouvelle émission :

1. Source INSEE : 253 476 mariages en 1994, 305 000 mariages en 2000.

« Veux-tu m'épouser ? » Le concept est très simple : des femmes n'ayant pu obtenir de se faire épouser par leur compagnon tentent d'extorquer cette promesse... devant des millions de téléspectateurs ! Les hommes en question sont amenés au studio sous des prétextes fallacieux, puis isolés dans une pièce et filmés. Ils reçoivent alors officiellement leur demande en mariage et ont droit à un coup de téléphone pour se faire conseiller (et à une dernière cigarette ?). Puis ils sont habillés-déguisés en futurs mariés et, en direct sur le plateau, doivent se diriger vers leur fiancée, elle-même vêtue d'une robe-de-mariée-chantilly, pour donner leur réponse... et ce en toute liberté.

Comment peut-on être aussi irrespectueux envers un être humain ? Comment peut-on mépriser la posture d'un homme avec un tel aplomb ? Comment peut-on nier avec une telle perversité l'intimité d'un engagement de cette importance ? Comment une femme peut-elle se prêter à un tel artifice ? Comment peut-elle soutirer un accord de cette façon, elle qui justement a tant besoin de preuves d'être aimée, d'être choisie entre toutes, d'être désirée ?

Effectivement, le bébé-fille, future femme elle-même, ne provoque pas le désir de sa mère. Même si elle se sait aimée, la fillette sent que sa mère noue avec elle un lien, certes affectif et tendre, mais sans surprise, sans émerveillement, sans fantaisie, au sens étymologique de « fantasme ». Contrairement à ce qui se passe avec son frère ou tout autre garçon de leur entourage immédiat. La petite fille se vit donc immédiatement comme indésirable, dans les premières années de sa vie. Et, ensuite, lorsqu'elle se tourne vers cet Autre qu'est son père, ce sera une lutte constante pour obtenir de lui réparation de cette absence originelle de désirabilité. La fillette tente de séduire ce mâle – inaccessible car trop conscient du danger que représente ce jeu de séduction, pour lui comme pour elle. Les pères savent combien leurs pulsions sont moins maîtrisables que celles des mères. Seul l'inceste nous prouverait la force concrète de notre féminité... et la tuerait en même temps ! Devenues femmes, il nous faudra donc beaucoup de temps et de rassurements de la part des hommes pour que nous nous reconnaissions enfin comme satisfaisantes et désirables. Demander un homme en mariage serait donc pour nous, les femmes, comme scier la branche sur laquelle nous voudrions nous asseoir ?

Par ailleurs, lorsqu'un homme demande une femme en mariage, il lui offre tout d'abord son nom – qu'elle le porte ensuite ou non. Il pose ainsi un acte de coupure avec sa mère car il fait rentrer un autre amour dans son lien fusionnel maternel ; une autre femme qu'elle porte désormais leur nom commun. Puis, il fait aussi acte de libération envers son père. Ce nom que celui-ci lui a transmis, il s'autorise à le donner, car tel est son propre désir, telle est sa volonté d'adulte, sans aucun droit de veto de ce père. Enfin, lorsqu'un homme fait cette demande, il prend à nouveau le risque du refus et cet acte de courage le fonde et fonde la femme.

Pour la femme, porter le nom de son mari et par là même abandonner le nom de son père, c'est couper le lien œdipien avec ce dernier. Porter un nom autre que celui de son géniteur signifie également pour une épouse rassurer son époux sur la légitimité de sa posture ; son mari est plus important pour elle que son père, homme pourtant plus âgé et donc censé avoir une position plus affirmée que celle de son gendre. C'est pourquoi, lorsque les avocats incitent les femmes divorcées à garder le nom de leur mari, ils les poussent en conséquence à un préjudiciable recel de bien symbolique même lorsque ces femmes exercent une profession libérale, donc avec des enjeux commerciaux liés à la notoriété de leur patronyme. Quel vrai homme-debout voudra ensuite de ces femmes « marquées » par un autre, qui n'est pas leur père ? Ce précédent mari dont le deuil ne peut ainsi être terminé ? Et ne parlons pas de la nouvelle compagne d'un divorcé, qui peut prendre ombrage de cette Autre qui continuera à porter le nom de son compagnon, alors qu'elle-même ne pourra quelquefois pas le prendre, son conjoint ne souhaitant absolument plus regoûter au mariage. Prétexter, par ailleurs, que ces divorcées gardent le nom de leur ex-mari pour leurs enfants enferme ces derniers dans un raisonnement surprenant. D'une part, les enfants ne sont pas mariés avec leur mère, leurs liens sont évidemment hors contrat. D'autre part, les fils sont ainsi poussés à prendre la relève nominale du père absent, accentuant de la sorte le lien œdipien avec leur mère.

Quant aux filles, devront-elles plus tard s'abstenir de prendre le nom de leur mari sous peine de trahir ce sacrifice de leur maman ?

Cette féminisation de la demande en mariage, offerte donc en spectacle à la télévision, nous a montré des hommes bafoués, infantilisés, pris médiatiquement en otages, ridiculisés, forcés, dévirilisés, le tout dans une mise en scène faussement romantique et kitch à souhait. Ce qui, comme tout le monde le sait, plaît particulièrement aux hommes !

Une bague-alliance leur est même imposée pour l'offrir à cette femme qui vient de les trahir. L'alliance pour unir prend ici son deuxième sens étymologique : « enchaîner ».

Ils ont malheureusement tous dit « oui ». Un seul m'a semblé admirable en refusant toute aide téléphonique, souhaitant assumer seul ses décisions : unique acte de courage possible dans cette arène où toute autre initiative aurait bafoué sa compagne.

La longue plainte féminine

Mariée ou non, la femme continuera longtemps à se penser indésirable : elle s'imagine inconsciemment victime d'un dommage (elle n'est pas née satisfaisante), et ne cesse de revendiquer la réparation de ce dernier. Mais à qui s'adresser ? À un Homme Idéal. Seul un Homme Parfait pourrait la réparer, car il ne pourrait choisir qu'une Femme Parfaite ; sa perfection garantirait ainsi la nôtre. Or, le compagnon qui vit à nos côtés est un être humain, non un robot irréprochable. Se produit alors un phénomène très fréquent au sein des couples de ma génération : la capacité de certaines épouses à vivre avec leur époux en même temps qu'avec cet Homme Idéal, en la personne d'un fantôme érotisé. Constamment à leur côté, ce dernier garantit donc leur perfection mais aussi la permanence de leur frustration et maintient leur compagnon dans une position d'imposture ! Shakespeare le regrettait ainsi :

> *Il y a des gens qui n'embrassent que des ombres*
> *Ceux-là n'ont que l'ombre du bonheur*[1].

Un film récent, *Titanic*[2], en est une bonne illustration, de par son contenu et la réaction sociale d'engouement qui a suivi. Dans ce film, l'héroïne très âgée raconte l'histoire du grand amour qu'elle a vécu, adolescente, à bord du fameux navire, avec un jeune homme, joué par Leonardo DiCaprio. Malheureusement, au moment du naufrage, celui-ci meurt d'hypothermie. L'héroïne, incarnée par Kate Winslet, vivra le restant de ses jours en pensant à lui si intensément qu'à la fin de sa vie elle est encore dévastée par le chagrin à l'évocation de ce drame. La chanson du film est d'ailleurs significative : « *Every night in my*

1. SHAKESPEARE, *Le Marchand de Venise*, Paris, Flammarion, 1993.
2. *Titanic*, film de James Cameron, avec Leonardo DiCaprio, Kate Winslet, 1997.

dreams I see you, I feel you, that is how I know you go on ; far across the distance and spaces between us, you have come to show you go on ; [...] my heart will go on[1]. »

Ce qui n'empêchera pas la jeune femme, après le naufrage du bateau et de son cœur, de se marier et d'avoir des enfants, des petits-enfants et des arrière-petits-enfants avec un autre...

Eva était une fillette de huit ans pétillante, de jolies boucles brunes encadrant son visage sans cesse animé d'émotions diverses et intenses. Cette jeune patiente a démontré combien ce film confortait l'Idéal amoureux de nombreuses femmes, faisant de ce film un succès international. Elle venait en thérapie car sa scolarité souffrait de son attention très volatile et de ses difficultés de concentration. Ce jour-là, tout excitée, elle pénétra dans mon cabinet et m'expliqua aussitôt que, la veille, elle avait vu *Titanic*. Très volubile, elle me raconta alors ce qu'elle appelait « une merveilleuse histoire d'amour ». Puis, comme j'avais récemment assisté à la projection de ce film avec ma filleule, je l'interrogeai :

« Qu'est-ce que tu penses du moment où Beth et Jack sont dans l'eau, juste après le naufrage, avec Beth toute seule sur un radeau de fortune à une seule place ?

1. « Toutes les nuits dans mes rêves, je te vois, je te sens et c'est comme cela que je sais que tu existes ; malgré la distance et l'espace entre nous, tu es venu pour montrer que tu existes ; mon cœur continuera de battre. »

My heart will go on, paroles : Will Jennings, musique : James Horner, Columbia, Sony Music, 1997.

– Je trouve ça très beau !

– Et quand Jack meurt parce qu'il n'y a pas de place sur le radeau de sa bien-aimée ?

– Je trouve ça très beau aussi !

– Oui, mais quand même, tu n'es pas choquée que ni Beth ni Jack n'aient eu l'idée de ramasser un des milliers de débris flottant à leur côté pour sauver également Jack ?

– Oh non ! Surtout pas ! C'est bien qu'il meure.

– Je ne suis pas sûre d'avoir bien compris : tu trouves que c'est une belle histoire d'amour et pourtant tu ne veux pas que Jack vive ?

– Oui, c'est exactement ça. Maintenant, Beth aura toute sa vie un homme qui l'aime et qui l'aimera toujours dans son cercueil. »

Eva m'affirma alors que sa mère et sa marraine avaient la même opinion et qu'aucune n'avait songé à sauver ce pauvre Jack (pas plus Beth qui l'aime ou que d'autres spectatrices... et spectateurs !). J'ai donc entrepris une enquête auprès de mes autres patientes de tous âges, fouillé dans mes anciens dossiers, questionné ma famille, mes amis. Mes soupçons se sont trouvés confirmés : les femmes ont très souvent, dans leur placard affectif, le fantôme d'un amoureux transi. Un homme idéal, mort de préférence, une figure étrangement christique : un être parfait, jeune, sans sexualité, généreux au point de se sacrifier pour les autres. Un homme contre lequel aucun autre homme ne peut et ne pourra rivaliser, vers qui elles tournent régulièrement leur nostalgie et leur cœur.

C'est un cousin, un professeur, un médecin, un acteur, un inconnu croisé dans le métro, un voisin, le fils d'une amie, un ancien amoureux rejeté à l'époque, etc. Certaines avouent même ne l'avoir entraperçu qu'une seule fois. Cela ne les empêche nullement d'être mariées ou en couple, voire même d'avoir prévenu leur compagnon de leur infortune irréversible, due à un prédécesseur invisible. Et c'est effectivement le cas de notre héroïne de *Titanic.*

On peut alors s'interroger sur l'identité de ce fantôme, un peu trop vite embaumé de regrets éternels ? On peut imaginer que ce deuil, alibi officiel, recouvre un autre deuil, non travaillé celui-ci car soustrait à la conscience, un deuil officieux permettant l'économie d'une rencontre avec un homme réel. Qui se cache sous le voile de ces fantômes ? Quel premier objet d'amour a été si décevant et inaccessible qu'elles en portent inconsciemment le regret toute leur vie, lui restant fidèle au point de ne pouvoir s'offrir totalement à un autre ? Le père ?

Et ces femmes, drapées dans leur bon droit, vont faire subir à leur mari une « plainte contre » avec une adresse inconnue, c'est-à-dire une plainte sans objet tangible, qui ne trouve pas son lieu. Une « plainte contre » pour masquer ses propres difficultés, son conflit avec soi-même. Et les hommes se plaignent de ces plaintes qu'en bons sauveurs ils voudraient guérir, mais dont ils n'arrivent pas à saisir la raison, et pour cause : leur femme elle-même l'ignore ! À l'évidence, quelque chose manque, du latin *mancus* :

manchot, mutilé, estropié, incomplet. « Grâce » à ce fantôme, la frustration féminine, du domaine de la revendication, installe une satisfaction interne permanente. L'insatisfaction externe devient, elle, une raison d'être, une justification paradoxale au manque de la femme : le mètre « étalon » de sa frustration la comble plus, dans son inconscient, que ce qu'elle s'autorise à vivre... et elle accuse son mari du décalage ! Celui-ci, de son côté, est paradoxalement rassuré car il évite ainsi un amour intense possible, il est ainsi dans la « privation ». Si la femme gère le manque sur le mode de la frustration (demande excessive donc jamais comblée), la privation (plutôt rien qu'un peu) est le mode de réponse plutôt masculin au manque. En acceptant la frustration que sa femme s'impose, il se refuse ainsi une satisfaction externe. Chacun, mari et femme, entretient donc de cette façon une impossible vraie union, trop dangereuse tant que chacun n'a pas en soi assez d'identité pour accueillir l'Autre.

Et lorsque sa femme exprime cette plainte, l'homme se tait.

Volonté de féminiser la communication

Féminiser le mode de communication des hommes, qui se taisent si souvent, est également un projet très « tendance ». Puisque les hommes ont des difficultés à parler, les femmes tentent de les rééduquer, au mépris des préhistoires amoureuses infantiles qui sembleraient expliquer l'opposition viscérale homme/femme dans le domaine de la parole : les femmes aiment « parler », ont besoin de parler mais les hommes, eux, veulent « communiquer », c'est-à-dire « parler utile » !

En effet, le petit garçon se retrouve prisonnier de ce cannibalisme œdipien, exprimé par sa maman en gestes et en paroles – surtout en paroles, le canal de communication émotif préférentiel des femmes. Comme ce bébé ne peut se soustraire aux soins corporels – indispensables à sa survie –, il essaie sans doute de se ménager des moments de répit, de coupure, de privation réciproque, en étant très mutique. Je fais l'hypothèse que le silence est sa seule liberté. S'il accepte – et il n'a pas le choix – d'être pris dans le désir de sa mère, c'est en se taisant qu'il tente de se soustraire à ce phagocytage. C'est en se taisant qu'il essaie de se préserver de ce lien tendrement cannibale. Le désir de la mère passe par le langage mais ne cherche en aucun cas à se concrétiser sexuellement. Le lien mère-fils est au-delà de l'inceste, la communion physiologique pendant la grossesse ayant déjà outrepassé tout autre fusion charnelle plus profane. Le garçon va donc développer en lui un monde hors d'atteinte du langage, un monde imaginaire, fantasmatique : un monde émotionnel visuel. Le mutisme serait donc pour le petit garçon une arme contre le trop de désir de l'Autre (la mère) et les fantasmes visuels un refuge de liberté. Il sait par ailleurs que l'absence de passage à l'acte sexuel avec cette mère qu'il aime le protège de l'engloutissement total : amour et sexe sont donc pour lui très tôt différenciés, sous peine de disparition de soi.

La petite fille, pour sa part, va très vite utiliser le canal de communication préféré de sa maman, le langage ; ce pont langagier constant lui permet ainsi de réduire la distance induite par l'absence de désir et de nouer avec sa mère une relation affective fusionnelle asexuée. Le langage devient pour cette enfant son canal émotionnel privilégié qui lui sert à engranger les émotions et à les exprimer. La parole serait donc pour la petite fille une arme contre sa crainte d'être indésirable. Le lien « amoureux » avec sa mère est pour elle posé d'emblée hors sexualité, et les paroles sont des contrepoids à sa conviction d'être insatisfaisante.

Ces oppositions subjectives hommes-visuels et femmes-auditives se révèlent au quotidien. Il est par exemple indiscutable que les hommes sont plus émus que nous par un strip-tease alors que les *chippendales* nous font, nous, surtout rire, même si la transgression peut être, éventuellement, émoustillante. Si, à la place de ces effeuillages masculins, Julio Iglesias (ou son fils Enrique, pour les plus jeunes !) venait nous roucouler de langoureuses déclarations d'amour... nos oreilles frémiraient de bonheur ! Une anecdote, vécue au parc du Futuroscope de Poitiers, illustre encore ces contrastes : alors que je sortais de la projection d'un court-métrage sur un voyage interplanétaire, un homme confia à sa compagne : « Les couleurs sont sublimes et toutes ces planètes sont si belles et si réelles ! » Et la femme de répondre, avec un rien d'émoi dans la voix : « Et les commentaires sont dits par Pierre Arditi ! »

Réclamer que l'homme parle est LA solution pour la femme. Solution qu'une jeune mariée n'hésita pas à imposer à son époux et à exposer au cours d'un séminaire sur la gestion des conflits que j'animais dans son entreprise : « Je ne suis pas d'accord avec vous, Hélène, sur la nécessité qu'ont les hommes de se replier dans leur grotte pour digérer seuls leurs problèmes. Parler fait tellement de bien ! Moi, je sens tout de suite quand mon mari a un souci, et alors je le poursuis dans toute la maison jusqu'à ce qu'il parle. C'est important de vider son sac, ça fait du bien. Il finira bien par y arriver ! » Lucie était fière de cette trouvaille qu'elle confia au groupe participant à ce temps de réflexions sur les particularités sexuées des modes de communication. Elle fut étonnée du silence qui suivit puis de la violence des réactions des hommes présents autour de la table. Réactions que Bruno résuma ainsi : « Tu sais, Lucie, je suis super heureux de ne pas être ton mari, ce que tu fais là, c'est exactement comme un viol ! Si tu tiens à ton couple, je te conseille d'arrêter, c'est scandaleux ! » Le lendemain, Lucie, toute penaude, nous raconta qu'elle avait rapporté les propos de Bruno à son mari et que ce dernier avait simplement répliqué : « Tu remercieras Bruno pour moi. » Et Lucie d'ajouter : « J'avais trop honte pour lui demander plus d'explications, cette fois ça m'a arrangée qu'il ne parle pas ! » L'aisance qu'ont les femmes avec le langage et le long déroulé de leurs idées explique d'ailleurs que les thérapies par la parole leur conviennent mieux qu'aux hommes. C'est le cas de la psychanalyse, par exemple, pour laquelle ce « long déroulé de leurs idées », appelé « libre association », est même promu au rang d'outil principal permettant de pêcher ainsi des bouts d'inconscient qui se seraient laissé emporter, par mégarde, dans le flot des mots.

Donc, en poussant un homme à parler, la femme retrouverait un mode d'échange connu, familier, rassurant pour elle. Mais mesure-t-elle qu'elle lui réclame ainsi l'impossible : s'offrir sans défense, nu et cru, comme l'enfant – le garçon qui vient de naître ? Et si l'homme, pour se protéger de son fantasme infantile envers sa mère, nous demandait de nous taire, exigeait SA solution à lui ? Pourquoi ne serait-ce pas tout aussi autorisé ?

Cette hypothèse nous conduit à comprendre un des cercles vicieux constants au sein du couple : plus l'homme se tait pour protéger son intimité, plus la femme lui parle pour l'atteindre et être sans cesse convaincue de sa désirabilité ; l'homme le perçoit alors comme une tentative cannibale – déjà trop connue de lui – et se protège instinctivement en se murant dans son silence ; la femme, qui a un besoin vital de ce langage, le « harcèle » donc de paroles, ce qui aboutit au contraire de ce qu'elle recherche : l'homme s'emmure, et ainsi de suite...

Cette volonté qu'a la femme de faire parler l'homme, ajoutée à l'exigence naturelle de celle-ci à vouloir être aimée ET désirée en même temps, réveille ainsi chez l'homme une angoisse réflexe immémoriale : « J'ai peur de me faire avaler », « C'est la castration assurée »... sont les expressions effrayées, et effrayantes, recueillies auprès d'amis ou d'anciens patients décrivant leur angoisse quand ils se sentent quelquefois sommés de s'exprimer. Les femmes doivent comprendre que le sexe fort a comme nous un talon d'Achille, qui ne peut être cicatrisé par leur seule volonté !

Un patient de trente-cinq ans l'a parfaitement illustré lorsqu'il est venu en consultation pour éclaircir un étrange phénomène de répétition. Si sa sexualité avait été très satisfaisante avec chacune de ses trois compagnes successives avant la cohabitation, il avait été atteint d'une impuissance immédiate dès la première nuit passée sous le même toit que chacune de ses amies, une fois devenue compagne officielle ! Il expliquait en particulier : « Je redoute plus que tout ces torrents de paroles qui sont propres aux femmes, et seule la distance géographique me permet de souffler et aussi de ne pas avoir à parler constamment. » Ludovic était un jeune homme très grand, mince, avec un regard franc et direct. Il souhaitait fonder une famille, avec « au moins quatre enfants ». Il avait pourtant dû renoncer à une vie commune avec ses trois différentes compagnes. Son travail d'analyse l'a confronté à son incapacité provisoire à faire « cohabiter » en lui amour et sexe. Il a pu repérer ses répétitions, jusque-là inconscientes, de réactions quasi phobiques aux monologues plaintifs de ses amies. Il revivait alors les longs tête-à-tête avec sa maman, mère célibataire qui le submergeait de paroles sans fin. Avoir pu faire partager cette découverte à sa quatrième compagne, a été d'un bénéfice durable.

Concrètement, une communication bilingue ?

La communication a donc des fonctions opposées pour les hommes et pour les femmes. Et si nous n'arrivons pas forcément à nous écouter et à nous comprendre sur le fond, peut-être devrions-nous commencer par devenir bilingues homme/femme ? Plutôt que d'exiger des hommes qu'ils parlent, les femmes pourraient apprendre non pas à se taire, mais à s'enrichir d'une nouvelle langue, la synthèse (faire court et direct). Alors seulement, ayant montré l'exemple, nous suggérerions à nos compagnons d'étudier la langue féminine, l'analyse (énoncer, pas à pas, tous les détails... enfin, peut-être pas tous, mais au moins quelques-uns !).

Un exemple s'impose. Imaginons une épouse qui, un soir, informe son mari de son intention de solliciter une augmentation à son patron, le lendemain à quatorze heures. Le jour dit, en rentrant de son travail, le mari demande donc à sa femme :

« Alors, tu l'as eue cette augmentation ? »

Et son épouse de répondre :

« En me levant après toi ce matin, je me suis regardée dans la glace de la salle de bains et je me suis dit que j'avais vraiment mauvaise mine ; il faut dire que j'ai mal dormi cette nuit car j'étais inquiète pour cette entrevue avec mon patron. Ensuite, en me lavant les dents, je me suis cassé un ongle ; tu vois, ça commençait mal ! Puis, j'ai longtemps hésité pour savoir comment j'allais m'habiller : trop sexy, ça pourrait lui paraître louche, trop triste ça pourrait passer pour de la démotivation... et... »

Le mari, n'en pouvant plus, l'interrompt brusquement et s'énerve (légitimement ?) :

« Alors tu l'as eue, oui ou non, cette augmentation ? »

Le conflit qui s'ensuit est trop connu de tous pour que je le décrive.

Imaginons maintenant la situation inverse : le mari rentre chez lui le soir après avoir eu cette fameuse conversation pour une majoration de son salaire. À la question de sa femme concernant cet entretien décisif :

« Alors cette augmentation, tu l'as eue ? »

L'époux répond :

« Oui. »

Et il va lire son journal ou regarder la télévision. Tout le monde connaît la suite, banale, là aussi. La femme s'écrie :

« Tu ne veux jamais me parler, me raconter les détails, pourtant tu es resté une heure avec lui ? »

Beaucoup de femmes sont des éponges émotionnelles qui absorbent, engrangent et analysent instinctivement toutes les émotions, positives et négatives, rencontrées au fil de la journée. Ces impressions sont recueillies sans tri et sans protection, car elles sont surtout auditives. En effet, leur mode d'absorption le plus sensible est le canal auditif et l'oreille ne peut se fermer à volonté, elle est constamment ouverte, au cœur du monde ! Le soir, généralement, elles ont besoin de presser cette éponge pour évacuer les émotions accumulées et ne pas être engorgées le lendemain. Leur seule et unique façon d'évacuer tous ces émois, c'est de parler. Une parole adressée à quelqu'un qui écoute mais qui n'a aucune obligation de répondre, et encore moins de trouver des solutions ; il n'y a pas forcément de problèmes, juste un trop-plein ! Force est de reconnaître que cela peut difficilement se faire seul. Or l'adulte le plus fréquemment présent en soirée est notre compagnon, et si nous voulons qu'il entende, il nous faut émettre des sons. Effectivement, selon les points de vue, cela peut paraître mélodieux ou... bruyant !

Les hommes, de leur côté, savent souvent trier les émotions et cloisonner lorsque c'est nécessaire. Par ailleurs, le canal émotionnel visuel est chez eux plus sensible. Or, contrairement à l'oreille, l'œil est au périmètre de ce qu'il regarde, spectateur, au bord et non au centre des événements. Pour un homme, donc, se mettre devant son téléviseur ou son ordinateur permet de remplacer son trop-plein d'images par des images nouvelles, un lavage de cerveau en quelque sorte ! C'est silencieux, cela ne nécessite aucune aide humaine... et c'est injuste !

Un petit briefing en communication permettrait à chacun un respect du fonctionnement et des besoins de son interlocuteur. Si je reprends l'exemple du couple cité plus haut, l'épouse apprendrait à répondre tout de suite et de façon synthétique à la question du mari : « Oui », puis à expliquer à celui-ci qu'elle a besoin de donner des détails car cela l'aide à évacuer les émotions attenantes à l'entretien. Le mari, pour sa part, continuerait à répondre immédiatement : « Oui », puis à préciser qu'il va volontiers être plus explicite puisqu'il sait l'importance que cela a pour sa femme.

Qu'on ne s'y trompe pas, cet apprentissage du bilinguisme est une grande marque de respect et d'attention. C'est également un immense enrichissement réciproque, et non un signe de faiblesse et de renoncement, comme l'affirment à l'unisson (pour une fois !) machistes et féministes. Enrichissement dont nous serions privés si tous les sexes parlaient uniquement « femme », ou seulement « homme », évidemment. En effet, les femmes, en apprenant à être plus synthétiques, progressent dans une prise de recul sur le monde. Les hommes, capables ainsi d'être plus analytiques, découvrent, eux, de riches chemins de traverse qui leur étaient jusque-là inconnus.

Un autre exemple d'une féminisation irrespectueuse de la communication au sein d'un couple concerne la gestion des séparations provisoires. Les femmes se sentent très fondées d'imposer à leur compagnon de leur téléphoner régulièrement, surtout si l'absence doit durer plusieurs jours. Cependant, il est facile de comprendre qu'un homme, plus à l'aise dans la privation que dans la frustration, préférerait quant à lui rester silencieux ; pourquoi entretenir des conversations à distance sans pouvoir se toucher, et alimenter ainsi constamment une insatisfaction qui n'apporte rien, alors qu'une coupure nette, un cloisonnement passager permettent une vie plus facile ! Cela ne signifie pas qu'ils nous aiment moins, mais simplement qu'ils savent mieux que nous se préserver d'inutiles émotions négatives.

Au crédit des femmes, il faut reconnaître que, lorsque cela les arrange, les hommes savent soudainement faire un très bon usage de notre goût pour la parole : ils n'hésitent pas à s'en servir pour nous leurrer. Chacune et même chacun connaît parmi ses proches des femmes qui sont restées fixées à de très belles promesses : « Je divorce et je t'épouse » par exemple ; le tout restant à l'état de rengaine... sans actes pour honorer ces « parolé, parolé, parolé », comme s'en amusait Dalida aux dépens d'Alain Delon !

Épilogue

Les femmes veulent trouver des solutions féminines pour gérer cette longue liste d'oppositions entre les unes et les uns. Les solutions uniquement féminines ou seulement masculines sont partielles et irrespectueuses. Les solutions « généralistes » et collectives sont illusoires car le désir est individuel, intime, singulier, voire variable et volatil en chacun de nous !

Les contes de fées, telle *La Belle au bois dormant*, sont particulièrement édifiants sur les étapes initiatiques (idéales ?) sur la voie d'un vrai couple.

Tout d'abord, pour que la magie advienne, il faut être Prince et Princesse. Le latin nous indique que « prince » vient de *princeps*, « premier ». Pour être « premier » à soi, pour mériter ces titres de Prince et Princesse, il a fallu accomplir un travail personnel : être « premier » dans son désir, premier avant tout autre personne, sans autre droit de regard que le nôtre ; premier pour avoir enfin « tué » le Père symbolique qui incarne les censures parentales puis notre propre censure, notre propre peur d'accomplir nos désirs.

Avant sa rencontre avec le Prince, la Princesse dort cent ans. Il lui faut bien tout ce temps pour quitter son père, le Roi si aimable, si puissant, si présent dans sa vie, pour se séparer de sa mère, si belle et si souvent rivale, pour entrer en contact avec ses rêves, donc avec son inconscient, ses propres désirs, et s'apprêter à accepter d'être femme devant un homme. Cent ans allongée sur un « divan », ce pourrait être le temps métaphorique d'une psychanalyse longue, si longue quelquefois, avant de s'autoriser à être désirable, mais aussi et surtout désirante ! Ce peut être également la métaphore d'un chemin hors psychanalyse (ce n'est certes pas un passage obligé !) enrichi de prises de conscience personnelles grâce aux expériences multiples offertes par la vie.

Pour le Prince, le temps paraît injustement plus court. Que fait-il pendant toute cette période où la Princesse se prépare ? On peut imaginer qu'il apprend à combattre, y compris ses propres démons qu'il affronte « pour de vrai » afin de vérifier, au pied du mur, au pied de la forteresse paternelle, sa véritable « posture », sa véritable puissance : il n'est plus alors le fils de sa mère, celui qui se battait « pour de faux » – et qui gagnait forcément – avec une épée en carton sous son œil admiratif ; il n'est plus alors le fils de son père le Roi, car il a prouvé au combat sa capacité de puissance, d'homme à homme : le mot « Prince » ne le protégeant d'aucune arme, d'aucune confrontation.

Prince et Princesse sont enfin mûrs : ils ont tué l'enfant de leurs parents qu'ils étaient ; ils ont accouché d'eux-mêmes adultes ; mais être au clair avec ses désirs, être prêt à être une femme et à être un homme et à vivre une alliance n'excluent en rien la peur de la vivre... au contraire. Il n'y a plus de barrières internes (de garde-fous ?) pour éviter de s'y perdre ! Et c'est là que l'injustice initiale faite aux femmes de devoir travailler deux fois plus pour accéder à cette joie partagée se répare : c'est à l'homme seul qu'incombe de vaincre leur peur commune à tous les deux ; il va devoir triompher du Dragon pour se prouver qu'il n'est pas un imposteur, pour prouver à la Princesse combien elle est désirable en risquant sa vie pour elle. Et avant cette ultime confrontation avec le Dragon, le prince se brûlera au lac de lave et se piquera sur une mer de ronces. L'homme-Prince révèle ainsi sa puissance (« phallus ») en terrassant le Dragon-Peur qui barre la route vers son désir, leur désir commun.

On retrouve là le combat contre l'imposture pour l'homme, la preuve de sa désirabilité et la reconnaissance de ses désirs pour la femme et, pour les deux, la victoire contre le censeur des désirs (le père symbolique). Voilà les clés du coffre-bonheur, du trésor-amour. Dragon, *draco-onis*, signifie étymologiquement... « gardien de trésor » !

Le film *Pretty Woman* [1] raconte une histoire symboliquement analogue mais réactualisée, avec le face-à-face extraordinaire de deux monstres sacrés de Hollywood : Julia Roberts et Richard Gere (surtout Richard Gere... !). Julia Roberts incarne une prostituée. Par définition, elle se vit comme sujet indésirable et insatisfaisante puisqu'elle vend son corps

1. *Pretty Woman*, film de Garry Marshall, avec Julia Roberts, Richard Gere, 1990.

comme un objet de plaisir. Elle rencontre un brillant homme d'affaires, joué par Richard Gere. Celui-ci est absorbé par son travail, sa réussite professionnelle et sa compétition avec son père, dont il exerce le même métier. Dans un cadre très réglementé, une semaine de vie en commun achetée par l'homme, chacun va se croire à l'abri du désir. L'homme sait qu'il a « signé » pour un cloisonnement, sexe et non amour. La femme sait qu'elle est payée pour être désirable et navigue donc en terrain connu : l'insatisfaction.

Au fur et à mesure que Richard Gere progresse seul dans sa posture professionnelle, réussit et renonce ainsi à quêter le regard de son père, il découvre une Julia Roberts aimable ; désir et amour se rapprochent dangereusement de lui. Julia, quant à elle, est traitée en être humain, en sujet, et est livrée à elle-même dans des choix nécessaires. Elle doit se questionner, sans le regard de l'homme, sur ses propres désirs pour choisir des vêtements, des mets, des bijoux, des coiffures, et vit même une émotion intense en écoutant un opéra, *La Traviata* – on la comprend ! Elle progresse ainsi dans sa connaissance d'elle-même, dans son estime personnelle au point d'exiger, à la fin de la semaine, de vivre un couple officiel avec le beau Prince Richard (Gere), et non dans une garçonnière comme il l'envisageait. Mais Richard ne peut surmonter sa peur de vivre avec une femme aimable ET désirable, une femme aimée ET pour le coup, réellement « putain » ! Il ne peut lui offrir qu'un strapontin dans sa vie, pour l'instant. Ils se quittent donc.

La suite est digne d'un conte. Après le départ de la belle Princesse Julia, Richard ressent un tel manque qu'il va vaincre un féroce Dragon, son vertige viscéral (symbole de son refus de « lâcher prise »), pour escalader l'échelle de secours qui mène à l'appartement très élevé de celle qu'il va finalement demander en mariage !

Ces deux illustrations invitent à comprendre l'amont de la rencontre, qui réclame à chaque humain du courage. Courage pour se réconcilier avec son identité sexuée, pour nettoyer son passé, pour nouer avec sa vérité et pour enfin arriver à reconnaître ses désirs. Courage ensuite pour affronter les brûlures, les piqûres, les combats, les dragons, corollaires de cette peur de la rencontre. Peur d'agir pour l'homme et peur de le laisser agir pour la femme.

Les femmes, aussi audacieuses soient-elles, ne résoudront pas cette problématique par le pragmatisme et par le collectivisme. Aucune solution ne peut venir de l'extérieur. La solution est en chacun de nous et exige de la bravoure. De la bravoure pour aller voir de l'autre côté de notre propre miroir. Or, comme l'énonce avec justesse Rudyard Kipling : « Nul ne peut traverser le miroir s'il n'accepte de le regarder en face »... seul.

Épilogue (suite et fin)

Tirésias, célèbre devin grec, en savait apparemment plus que nous sur nos ressources féminines. En effet, la légende raconte qu'un jour, après avoir voulu séparer deux serpents s'accouplant, il a été transformé en femme. Sept ans plus tard, alors qu'il assistait à une scène comparable, il intervint de la même façon et reprit son sexe primitif. Sa mésaventure l'a rendu célèbre. Aussi, Héra et Zeus, se querellant un jour pour savoir qui de l'homme ou de la femme éprouvait le plus de plaisir en amour, le consultèrent. Tirésias, ayant vécu cette double expérience, assura sans hésiter que si l'amour se composait de dix parties, l'homme en possédait une seule et neuf allaient à la femme.

« Femmes », voilà le cadeau qui nous attend si nous comprenons que, pour accéder à ce statut, nous avons un travail à accomplir de la fille à la femme. Ce travail est personnel et ne peut être remplacé par une action publique visant à changer les Autres, les hommes. Nous avons un chemin à parcourir de l'exode (chemin hors de l'esclavage intime et social) à notre vérité. Une seule personne au monde peut nous aider dans cette recherche : nous-même ! Alors, guéries de notre crainte d'être insatisfaisantes et ayant renoncé à nous punir par une frustration autoalimentée, nous serons enfin convaincues de notre valeur. Nous pourrons donc vivre pleinement notre plaisir d'être femme, plaisir accru en présence de notre alter ego, l'homme, ayant lui-même gagné de son côté sa posture d'homme-debout. Et ainsi, nous montrerons à Tirésias qu'à deux, homme et femme enfin en harmonie, il est possible d'aller encore plus haut dans l'échelle du plaisir en mêlant nos différentes ressources pour un magnifique projet commun : viser ensemble un dix sur dix, la femme réconciliée avec elle-même offrant, généreuse et... intéressée, ses secrets d'amante – puisqu'elle est plus experte... d'après la légende !

LA FAMILLE

« Ils se marièrent et eurent beaucoup d'enfants », et le couple devint famille. Mais au sein de cette famille, les femmes poursuivent auprès des pères leur travail de féminisation commencé auprès des maris. Pourtant, comme un point dans un espace géométrique, tout humain a besoin d'une abscisse et d'une ordonnée pour se définir : une identité sexuelle et une lignée familiale, deux re-pères offerts par deux êtres différents, une mère et un père. Père à ne surtout pas materniser, au risque de le destituer d'au moins quatre fonctions essentielles pour les mères comme pour leurs enfants : un rôle identificatoire pour leurs fils, un objet à séduire pour leurs filles, une mission symbolique de représentant de la loi pour tous et, enfin, un personnage biologique en tant qu'objet du désir de la mère.

Désir d'enfant d'abord féminin

Pour les femmes de ma génération, le désir d'enfant était souvent une priorité qui prenait le pas sur notre désir de couple. Priorité inculquée par le poids social, les traditions familiales, la culture machiste... Bref, dès que nous étions amoureuses, nous voulions un enfant. Cela nous permettait, en toute bonne conscience, de passer directement de la case « fille » à la case « mère », valeur refuge gratifiante, en *shuntant* la case « femme », plus risquée et trop compliquée. Notre fiancé désirait, lui, vivre une relation sexuelle, puis un couple, puis une vie de famille. Nous, nous souhaitions avant tout avoir un enfant et, pour ce faire, nous marier, puis, une fois les enfants élevés, investir notre couple et, éventuellement, commencer à vivre un épanouissement sexuel plus grand... si, entre-temps, notre Prince Charmant n'y avait pas, lui, renoncé. Cette dynamique inversée des projets de vie est encore fréquente, mais aurions-nous l'honnêteté de le reconnaître ? Et est-ce bien loyal de voir dans son amoureux un futur père – des spermatozoïdes sur pattes – bien avant un futur époux ? Il est vrai que dès l'enfance, garçons et filles s'inscrivent, là encore, dans des logiques totalement opposées : le passage officiel au statut d'adulte est la mue pour le petit garçon, les règles pour la petite fille. La propension à roucouler-séduire pour l'un, la capacité à procréer pour l'autre.

Ce désir d'enfant pose, d'autre part, un problème éthique et symbolique. « Notre corps nous appartient ! » proclamaient avec justesse les féministes en 68. La pilule et le droit à l'avortement ont concrétisé cette possession et, enfin, notre liberté de choisir. Mais dans cette juste victoire, n'avons-nous pas laissé les hommes sur le bord de la route ? Devons-nous décider seule de l'opportunité d'une grossesse ou d'un avortement, lorsqu'un compagnon a participé à cette co-création ? Certes « notre corps nous appartient », mais à qui appartient le fœtus ? Les progrès scientifiques nous encouragent dans ces illusions de puissance totale : nous maîtrisons la contraception, la procréation assistée, la parentalité unique, l'avortement, la grossesse après la ménopause... Or il faut impérativement « du » père pour stopper ces mères « toutes » ! Et si, sans mâle, nous décidons que le bébé est à nous seules, femmes, il nous faut poursuivre notre logique jusqu'au bout et assumer également la suite toutes seules. C'est-à-dire renoncer à une quelconque responsabilité réelle et symbolique du donneur de sperme. Nous ne pouvons astreindre les hommes à cette double contrainte, à ce double discours : « Vous n'avez, en amont, aucun droit de regard sur nos décisions concernant l'éventualité d'une grossesse, mais en aval, lorsque le bébé est là, vous devez endosser et assumer intégralement votre paternité ! » On est père de bout en bout ou on ne l'est pas.

La grossesse : la mère oublie la femme

Attendre un enfant est un merveilleux miracle qui, heureusement, se vit généralement à deux. Et il faut rendre hommage aux comportements des futurs pères durant cette remuante gestation : leur générosité et leur capacité à l'oblativité – faire passer les besoins des autres avant les siens – sont remarquables. Les femmes, qui ont une propension analogue au dévouement et à l'altruisme, sauraient-elles faire preuve d'autant d'abnégation dans ce même contexte ? Non pas que nous ne soyons capables d'un tel oubli de soi, mais comment vivrions-nous cette prise de possession, vingt-quatre heures sur vingt-quatre, de l'âme, de la raison, du cœur et du corps de celui qu'on aime par un être, aussi délicieux soit-il ? Surtout s'il est délicieux ?

Anna, une jeune amie de vingt-neuf ans, rousse au teint de porcelaine, était enceinte de six mois. Je lui proposai d'imaginer cette inversion des rôles procréateurs : l'homme portant le bébé et la femme en attente de la naissance. « Tant pis pour le bébé, dans ce cas-là, je tuerai mon mari et je me tuerai ensuite ! » s'est écriée cette future maman avec une extrême violence, malgré son apparence de poupée fragile. Elle se plaignait du peu de compassion de son mari, Jean, pour sa grossesse qui devenait pesante, la jeune femme se jugeant déjà trop grosse avec ses neuf kilos supplémentaires. Sa réaction à ma suggestion d'envisager « son » Jean enceint m'a étonnée par sa férocité.

Si toutefois nous arrivions à accepter cette relégation au deuxième rang, supporterions-nous, en plus, d'être corvéables à merci ? Souvent, les femmes voient dans la maternité un possible « rachat » de leur présupposée identité insatisfaisante. Elles font alors subir à leur entourage, et plus particulièrement à leur mari, leur sentiment euphorique de toute-puissance qui peut se traduire par des envies de fraises en plein hiver jusqu'à un refus total de toute sexualité, la sensation de complétude étant déjà à l'œuvre.

Isabelle, une patiente de trente ans, venait en analyse depuis deux mois. Elle était très changeante dans son humeur autant que dans sa mise. Quelquefois d'une grande gaieté, à d'autres occasions très abattue, il lui arrivait également de se vêtir avec une rare élégance et parfois de se présenter à son rendez-vous dans une tenue plutôt négligée. Dans ses discours, Isabelle avait, de façon récurrente, le besoin de revivre le temps béni de sa grossesse. Elle me confiait, avec un nostalgique émerveillement, son impression de réparation narcissique : « J'étais enfin la reine et je dois dire que j'en ai profité ! Mes parents, qui jusqu'ici n'avaient d'yeux que pour mon frère aîné, se sont tout à coup focalisés sur moi. Mon mari, qui était toujours débordé de travail, est devenu soudain plus présent et prévenant. J'ai enfin eu l'impression d'être puissante, importante, d'être le centre du monde. » Cependant, après l'accouchement, elle a souhaité entamer une thérapie. Elle se sentait très déprimée car toute l'attention familiale s'était spontanément déviée vers le nouveau-né, un garçon de surcroît ! Il a fallu du temps à Isabelle pour comprendre d'où provenait son sentiment de dépréciation. Elle a ensuite réussi doucement à se départir du regard des autres pour se soutenir d'abord du sien.

L'accouchement : une affaire aussi masculine ?

Les hommes sont de plus en plus souvent conviés à la préparation à l'accouchement. Cette complicité est inestimable pour la future maman mais aussi pour l'homme, qui apprivoise ainsi sa future paternité en réalisant sensoriellement l'existence de ce bébé, virtuel jusqu'ici pour lui.

En revanche, une question devrait se poser sur la présence quasi obligatoire des hommes dans les salles d'accouchement. Il me semble important ici de « provoquer » réellement, afin de permettre aux couples un choix peut-être plus éclairé. Car, si cette demande des femmes est compréhensible, les futurs pères se la voient très souvent imposer. Quel homme aujourd'hui aurait le courage d'annoncer combien l'angoissent la peur de l'hôpital et du sang, l'impuissance devant la souffrance de celle qu'il aime, la culpabilité d'avoir fait subir ces mêmes douleurs à sa mère, la confusion tant redoutée pour lui amour-maman-sexualité ? Comment les femmes peuvent-elles infliger cette effraction inutile, voire dangereuse, de leur intimité, en donnant à voir leur sexe ouvert avec le sang bien sûr, mais aussi souvent les excréments qui accompagnent ce spectacle violent, déroutant pour un homme ? Pourquoi violer l'imaginaire et le réel de ce futur père, sommé d'être témoin de la traversée du sexe de sa femme par une chose si énorme ? Les hommes sont peu familiers avec leur corps et sont facilement dans le déni de ses perturbations. Seuls la sexualité ou de graves problèmes de santé les y ramènent. En revanche, pour les femmes, le corps est un intime qui se rappelle à nous journellement, mensuellement. Les soins aux enfants nous aguerrissent également avec les rhumes, les bobos, les cacas, les pipis et autres humeurs, ce que certains pères commencent aussi à découvrir. L'accouchement est donc vécu pour beaucoup de compagnons comme un champ de bataille inconnu où leur combat est perdu d'avance. Ils sont désemparés et ont du mal à ressentir la préséance de la vie quand tout leur rappelle la maladie, la mort. Seules les femmes ont cet instinct viscéral, confiant et conscient de la vie à venir. Si encore l'assistance des hommes avait un effet antalgique sur les parturientes, l'obligation de leur présence se justifierait alors ! Mais c'est parfois l'inverse tant leur désarroi est visible et ajoute, à la douleur physique de la future maman, la douleur morale de ne pas se sentir soutenue. Et combien d'hommes ont ensuite beaucoup de difficultés à réinvestir la mère de leurs enfants comme une compagne sexuelle ?

Les femmes savent pourtant toute la sensibilité visuelle des hommes. Elles l'ont testée depuis l'enfance. La petite fille veut être regardée de façon aussi pétillante que son frère (ou tout autre homme) est contemplé par sa mère. Elle va donc se tourner vers son père, guettant chez cet Autre la possibilité de nouer enfin des liens de désir. Elle va tenter de le séduire, d'entrer elle aussi dans cette « marmite de l'œdipe ». Instinctivement, elle comprend que, contrairement aux femmes, les hommes sont plus visuels qu'auditifs. Elle sait qu'avec son père les paroles sont vaines mais que la vue est plus sensible. Elle émet donc des signes extérieurs visibles de féminité pour attirer son regard : elle prend soin de ses toilettes, de ses manières, de ses cheveux et commence ainsi une logique de « mascarade » (même étymologie que « mascara »). Elle se voudrait belle pour être désirée, pour être réparée d'être née insatisfaisante, agir donc puisque cela ne va pas de soi. Une fois adultes, nous continuons – et les médias nous y enjoignent – à vouloir plaire visuellement : maquillage, habits, bijoux, silhouette, coiffure... tout est destiné à captiver les hommes par la vue. Au point même que nous sommes convaincues que tout doit être parfait, extérieurement, sous peine de déchoir, de décevoir, de les décevoir. Et ce, quand tout va bien. Puis soudain, à la naissance de nos enfants, au moment où nos maris sont fragilisés, anxieux, émotifs, nous remettons en cause toute notre stratégie visuelle. Paradoxalement, c'est devenu un devoir de nous découvrir si défaites, au risque de les traumatiser définitivement !

Un jeune papa de vingt-huit ans, Robert, avait commencé une psychothérapie huit mois après la naissance de son enfant. C'était un jeune expert-comptable, fin et cultivé, pour qui jusqu'ici tout avait paru facile, simple et évident. Il était tombé amoureux de sa compagne dès le premier regard et l'avait demandée en mariage au cours d'un dîner romantique. Depuis l'arrivée de son fils, il avait l'impression d'avoir perdu la femme de sa vie, soudain transformée exclusivement en maman. Et il était surtout très surpris de son incapacité à vouloir la reconquérir. Il s'est alors souvenu d'un épisode qui le freinait dans cette reconquête. Mi-amusé mi-coléreux, il a raconté ce qui l'a le plus choqué dans l'accouchement de sa femme : « J'étais effaré par tant de violence, tant de sang, tant de souffrance ; et au moment de la délivrance, j'ai soudain repensé avec dérision à l'acharnement quasi obsessionnel à l'époque de Caroline à garder parfaite l'épilation de son maillot, soucieuse de ne pas me choquer... » C'est après avoir retrouvé cet événement que Robert a pu expliquer son blocage à sa femme et travailler avec elle pour regagner son couple.

D'autre part, c'est au moment où leur enfant naît que la plupart des hommes sont confrontés à la finitude de leur condition humaine. Étienne, un ami de mon fils de vingt-huit ans, m'avouait récemment : « Je suis très heureux d'avoir un fils, mais j'ai en même temps une trouille terrible : c'est moi qui suis maintenant en première ligne, j'ai l'impression que ma mort s'est rapprochée ! » Pour les femmes, cette prise de conscience est plus tardive et coïncide généralement avec le départ des enfants de la maison. Cette angoisse de mort des pères doit être respectée, elle les fonde en tant que nouveau chef de clan, elle les initie à leur futur rôle de soutien des mères et des enfants face aux deuils ultérieurs, inéluctables dans un chemin de vie.

Pour toutes ces raisons, il serait bon d'être plus attentives à la sensibilité de nos compagnons. Quelques timides initiatives apparaissent d'ailleurs pour inviter les futurs pères à sortir de la salle d'accouchement au moment de la délivrance uniquement, ce qui semblerait être un respectueux compromis. Quoi qu'il en soit, c'est un choix qui doit s'opérer en tendresse, en connivence, en envisageant toutes les solutions possibles sans les imposer ! Et si les hommes nous avaient obligées à assister, impuissantes, à leurs affrontements guerriers, pour être à leur côté dans ces moments si terrorisants et dangereux pour eux ? Comment aurions-nous pu réinvestir ensuite amoureusement notre compagnon, soudain révélé dans sa dimension sanguinaire ?

Cependant, à l'instant même de la naissance, les premiers contacts charnels avec le père sont irremplaçables et marquent de façon plus dense le début d'une longue histoire. Tout comme ce geste hautement symbolique de la coupure du cordon, souvent effectué par le père.

La coupure du cordon, féminine et non symbolique

Le père, présent ou non au moment de la délivrance, coupe donc de plus en plus souvent ce cordon ombilical qui relie le nouveau-né à sa maman. Cet acte n'est pas seulement une nécessité physiologique, c'est également une nécessité psychologique. Le père est celui qui concrétise la fin de la symbiose mère-enfant, celui qui incarne le tiers garant d'une non-fusion, celui qui « éduque » le bébé « hors de » l'utérus protecteur : « conduire hors de » étant la traduction du latin *ex-ducere*, éduquer ! Malheureusement, si les mamans autorisent largement les pères à couper ce cordon réel, elles sont de plus en plus nombreuses à les dispenser de cette coupure symbolique, en imposant une féminisation de l'attitude paternelle. Un bon père est, de nos jours, un père qui « laisse parler sa part maternelle ».

La fonction paternelle est pourtant primordiale pour l'enfant, pour toute la famille et pour la société. Tout d'abord, en lui donnant son nom, le père inscrit le bébé dans une identité sociale qui le tire, *de facto*, hors de la stricte filiation confinente maternelle. Un Autre apparaît dans la lignée transgénérationnelle féminine. Déclarer son enfant à la mairie était par le passé un acte à la fois civil et initiatique. L'homme introduisait officiellement son enfant dans la société, et se déclarait père, simultanément. Or, nous savons que depuis peu, les femmes ont obtenu le droit de donner leur nom à leur enfant. C'est une possibilité à envisager à condition que ces mères sachent prévenir les dommages symboliques qui pourraient advenir pour le bébé et pour la structuration de la cellule familiale.

D'autre part, la fonction du père est aussi celle de privateur de la mère. Il s'autorise, lorsque le nourrisson est sevré, à ramener son épouse dans son lit et à lui redonner ainsi son rôle de femme. Cela oblige l'enfant à abandonner sa toute-puissance et rend alors possible son accession à un idéal différent. Cela le contraint à limiter sa dépendance à sa mère et à construire ainsi ses fondations d'adulte solide. Une mère amoureuse de son mari maintient son bébé à sa place d'enfant et non à celle de tyran concentrant tous les soins et tous les regards. Quel homme pourrait aujourd'hui exiger que son épouse renonce à se dévouer corps et âme à son bébé, sans craindre les foudres de celle-ci, de ses amies, de sa mère, voire de ses amis masculins, tous lui expliquant que l'enfant est roi... et que lui est aussi bestial que rétrograde ? Pourtant, continuer à être une compagne sexuée sauve le couple, le bébé, l'homme et la femme elle-même ! Oui, cette attitude des hommes pourrait paraître égoïste. Il semble insensé de vouloir se faire plaisir alors que ce tout-petit réclame un temps infini, que la maman qui travaille se sent coupable et en rajoute dans le dévouement et l'excès de sollicitude, que la quantité de ménage et de courses a augmenté. Et si nous, femmes, cédions malgré tout à cet appel des sens et du bon sens, à ce principe de plaisir ? Peut-être arrêterions-nous ce cercle vicieux d'écartèlement entre tous nos rôles ? Et sans doute trouverions-nous en nos compagnons, réinvestis en mâles, un complice subitement ingénieux, motivé et dynamique ?

Allaitement féminisé et maternisé

C'est parce qu'elle a la capacité physiologique de donner le sein que la mère est investie de la fonction nourricière. Ce mode d'allaitement est donc, par nature, impossible à déléguer au père, et demande, d'autre part, une disponibilité absolue de la maman. Que les femmes, exerçant une activité professionnelle ou non, aient envisagé de se rendre plus libres est donc compréhensible. L'apparition des biberons est d'ailleurs une bénédiction pour elles et pour qu'un lien nouveau se noue entre le bébé et son père. Il n'est donc pas question ici de faire l'éloge de l'allaitement en culpabilisant les mères, avec des arguments écologiques et/ou physiologiques. Je souhaiterais simplement faire partager une réflexion sur le fait que la présence symbolique et sociale des pères était peut-être bien plus intense au moment de l'allaitement. En effet, dans les temps préhistoriques, il est possible d'imaginer qu'allaiter était pour la mère faire lien involontairement entre le père et l'enfant. La maman, après l'avoir elle-même digéré, incorporé donc, transmettait à son bébé le produit de la chasse apporté par son compagnon. Cette transmission physique, inconsciente pour le bébé mais ostensible pour sa fratrie et pour l'environnement social, inscrivait le mâle dans son rôle vital essentiel. De ce fait, le père faisait la séparation nécessaire entre la mère nourricière et son petit. Sa posture (inverse de l'imposture déjà citée) était actée pour lui-même, pour sa famille et pour les autres. Donner le biberon ne rend plus cette posture paternelle si visible. À moins que les pères ne trouvent une solution pour faire passer à leur bébé le message suivant : « La carte bleue de maman est liée au travail de papa qui a un rapport avec le lait acheté au supermarché du coin. »

Il est clair que si l'absence d'allaitement au sein est le seul manquement à la position réelle, symbolique et imaginaire du père, toutes ces craintes deviennent totalement infondées. La parole de la maman pouvant alors faire fonction substitutive de la place du père dans la boucle nourricière. Mais si, pour certaines femmes, ce refus d'allaiter est le premier d'une longue série de gestes visant à se libérer et de l'enfant et de son père pour préserver leur autonomie puis leur statut social, alors ces successions de contresens risquent d'aboutir à un non-sens !

Maternisation des pères : stérilisation de la loi

Enfin, le père incarne et inculque la loi lorsqu'il impose cette loi première, l'interdit de l'inceste.

L'absence de père dans cette fonction entraîne ce qui pourrait se nommer une stérilisation. Effectivement *sterilitas* se traduit par « impuissant », étymologiquement « sans phallus ».

Arnaud, un enfant de sept ans, a vérifié cette théorie freudienne au-delà du pensable. La directrice de son école me téléphone un jour pour m'informer qu'elle a suggéré à ses parents de me consulter pour une thérapie de la dernière chance. En effet, ceux-ci envisagent de le confier à la DDASS tant ils se sentent impuissants devant la violence de leur enfant, qui se manifeste de plus en plus fréquemment et brutalement : insultes, dégâts matériels, exigences multiples et insensées, attaques physiques constantes envers tout le monde, y compris ses parents. C'est la dernière agression qui est à l'origine de leur renoncement : Arnaud a mordu une écolière qui a dû être recousue. Le renvoi de l'école pour huit jours a été aussi immédiat que le désespoir de ses parents.

Je les reçois donc, dans un premier temps, avec leur enfant qui refuse de me dire bonjour puis se cale sur les genoux de sa mère. Celle-ci réitère les propos de la directrice. Le père est muet. Soudain, Arnaud se tourne vers le visage de sa maman et l'embrasse sur la bouche, geste certainement familier puisque personne ne réagit sauf moi, qui assène avec détermination : « La bouche de ta mère n'est pas pour toi mais pour ton père, tu peux l'embrasser sur les joues, si tu veux ! Et vous, monsieur, vous devez interdire à votre fils de toucher ainsi à votre femme ! » Silence gêné des parents, regard amusé d'Arnaud.

Avec l'accord des parents et même celui d'Arnaud, j'ai reçu alternativement les trois membres de cette famille séparément, deux par deux et tous ensemble, pendant six mois. Arnaud était certainement le plus déterminé des trois. Il était parfaitement conscient que son usurpation de privilège auprès de sa mère, en le coupant de la loi, le coupait de toute vie relationnelle (aucun copain, dans ou hors l'école), de toute vie scolaire (il ne savait ni lire ni écrire après cinq mois de CP), de toute vie familiale (il était également rejeté par ses grands-parents, oncles, cousins) et de toute vie sociale (il ne pouvait même plus accompagner sa mère dans les magasins).

Après son deuxième entretien, alors que nous n'avions aucunement évoqué ses parents, Arnaud a rétorqué à sa mère, qui tentait de lui refuser un bonbon : « Je souris quand tu m'interdis quelque chose, car tu es incapable de me dire non, et papa aussi ! » Incroyable sens de l'ellipse pour un si jeune bambin ! Les entretiens avec les parents ont permis de redonner au père sa fonction d'homme, de mari et de père. Avec l'accord de sa femme, il est intervenu plus souvent et plus radicalement pour remettre son fils à sa vraie place : dans son propre lit (le lit conjugal ayant également été envahi par Arnaud), dans son rôle de fils, dans sa mission d'écolier, dans sa position d'être sociable. La première grande victoire familiale est apparue lorsqu'un matin Arnaud est entré dans mon bureau et a empoigné un stylo en me réclamant : « Apprends-moi à écrire mon nom. »

C'est Jacques Lacan qui a créé, en psychanalyse, une théorisation de la fonction paternelle comme incarnation de la loi. Il est même allé plus loin en créant le concept « Nom-du-père » et en faisant de la « forclusion du Nom-du-père » l'origine de la psychose : autrement dit, l'absence de fonction symbolique du père amène l'enfant non seulement à être hors-la-loi, sans idéal du moi, sans identité structurée, mais le pousse, plus loin encore, à la folie...

Or, seules les mères peuvent introduire les pères auprès de l'enfant. Elles sont effectivement concrètement « fabricantes » et « propriétaires » du bébé pendant neuf mois ! Cet enfant est physiologiquement totalement de la même chair qu'elles, mais, et il est bon de le rappeler ici, génétiquement un Autre est présent. Elles seules peuvent donc décider ou non de partager avec le géniteur ce titre naturel et évident de possession. Elles peuvent rejeter cette tendance actuelle qui refuse le « NON du père » pour autoriser leur compagnon et leur enfant à s'allier autour du « NOM du père ». Cette autorisation permet à l'enfant d'accéder à son identité et à la loi, mais lui permet aussi de braver le quotidien.

Trop de mère : absence de limites

Le quotidien n'est effectivement pas toujours facile. Aussi, les mamans pleines de tendresse ne peuvent être que complaisantes lorsque bébé doit affronter la vie. Elles savent, raisonnablement, qu'il faut initier leur enfant aux dures réalités... mais plus tard ! Les pères, moins impliqués charnellement et plus réalistes, sont donc mieux armés pour faire barrage au désir de l'enfant de vivre dans un climat de plaisir continu, sans entraves ni limites, surtout si ce plaisir finit par les priver de leur compagne sexuelle ! C'est le corollaire de la loi populaire : « Ma liberté s'arrête où commence celle des autres. » Il importe donc que les papas puissent imposer toutes les restrictions nécessaires à l'adaptation sociale. Le rôle du père, ou de son substitut, par sa fonction symbolique, est donc également « socialisateur ». Il stimule les bébés à être plus hardis, mieux préparés aux relations sociales, donc à mûrir affectivement et psychologiquement.

L'apprentissage de la propreté, celui de la marche, les moments de solitude, les jeux de chahutage sont par exemple, dans l'évolution du bébé, autant de moments charnières qui nécessitent la présence apaisante de la mère tout autant que le style plus stimulateur du père. Aussi, lorsque les mamans demandent aux papas d'adopter plus de souplesse et de prendre modèle sur elles-mêmes, elles spolient leur enfant d'une saine confrontation.

Laura, une jeune cousine de vingt-huit ans, me fit remarquer un jour combien son mari, Xavier, était peu enclin à la seconder dans les soins à prodiguer à Guillaume, leur jeune bébé de trois mois. Voyant effectivement combien sa fatigue la submergeait, je cherchai à savoir pourquoi Xavier, habituellement si bienveillant envers elle, montrait si peu d'empressement à la soulager. Aussi, après la tétée suivante, à laquelle j'assistai, lorsqu'il fallut changer les couches de Guillaume, j'ai gentiment taquiné son père : « Dis-moi, Xavier, est-ce que cette activité était au programme de Sciences Po ? » Le jeune papa, perdant son humour légendaire, répliqua aussitôt : « Non, c'est sans doute pour cela que je m'y prends si mal. Laura me reproche mes initiatives malheureuses : il n'y a en effet qu'une seule façon de changer correctement les couches d'un nourrisson, c'est la sienne ! Et quand, au lieu de me servir des lingettes, j'ai mis sous la douche les fesses cacateuses de mon fils pourtant ravi, j'ai reçu des reproches incroyables. Et elle m'a retiré MON fils des mains ! » Guillaume, qui vivait apparemment très bien cette expérience de la douche, ne bénéficiera donc plus de cette enrichissante pluralité des sensations et des situations.

L'apprentissage de la parole est là encore assez révélateur. Les femmes réclament aux papas de faire un effort pour comprendre les premiers gazouillements et leur reprochent de ne pas y mettre plus de bonne volonté. Malheureusement, il n'y a aucune raison pour que l'enfant progresse dans son langage si son entourage s'adapte à son babillage ! Le père, par son refus de traduire cette langue saugrenue, enjoint son bébé à être compris de lui puis, par conséquent, de tous, et à devenir ainsi un être sociable.

Une autre réalité consiste pour le père à intervenir dans les jeux de séduction mère/fils afin d'éviter le phénomène d'imposture. Lorsque la mère certifie à son garçon que, « bien sûr, il est tout à fait capable de monter seul en courant, tout nu et plusieurs fois de suite, tout en haut de l'Himalaya, sans oxygène et sans sherpa », le père aurait le devoir de clore ce délire à deux par un « fais-le d'abord, on en parle ensuite »... Mais aujourd'hui, a-t-il ce courage ? Et la maman accepterait-elle cette intervention ?

Une autre réalité, la surcharge d'activités extrascolaires, est souvent imposée par les mamans, car une mère parfaite satisfait immédiatement et totalement tous les besoins supposés de son enfant. Or, paradoxalement, le père, garant de la réalité, est aussi celui qui est le plus enclin à rechercher le plaisir. Pourquoi n'intervient-il pas dans ce débordement de contraintes pour son enfant qui, dans son agenda digne de celui d'un ministre, passe du judo au piano puis au cours d'anglais, à la piscine et à l'anniversaire de Charles sans aucun répit ? Parce que la maman l'a persuadé que c'est indispensable pour l'évolution du petit, qu'elle ne supporte pas de voir son enfant jouer seul et est convaincue qu'il faut toujours l'occuper. L'évitement du conflit et, je n'ose le supposer, le souhait de préserver ainsi le câlin du soir avec sa femme rendent le papa plutôt lâche quelquefois. Et pourtant, « la capacité à être seul » est un concept dont Winnicott[1] a démontré le bien-fondé pour la structuration de l'enfant.

1. D.W.Winnicott, *De la pédiatrie à la psychanalyse*, Paris, Payot, 1989.

Mon fils Damien avait quatre ans environ lorsqu'un samedi midi, m'évertuant en vain à l'appeler pour passer à table, je montai frapper à la porte de sa chambre. « Entre ! » me proposa-t-il. J'ouvris et le découvris assis en tailleur par terre au milieu de jouets divers, chacun posé sur un dessin de couleur différente : « Regarde, maman, m'annonça-t-il triomphant, je suis en conférence pédagogique ! » J'ai longtemps cherché à savoir ce qu'il avait inventé ce jour-là, seul dans sa chambre, et de quelle façon il s'était réapproprié cette notion nouvelle de « conférence pédagogique » expliquée le mardi précédent en raison de la fermeture de son école. Je ne l'ai jamais su. Et ce n'est pas faute d'avoir essayé... car ma frustration était réelle : en effet, j'avais beau connaître les concepts de Winnicott sur le bout des doigts, je n'en étais pas moins mère, et méditerranéenne de surcroît !

Cette capacité à être seul, ce moment solitaire est donc essentiel pour les enfants. C'est un temps pour rêver, créer, imaginer, se retrouver ! Et un temps pour désirer ! Soudain, dans cette coupure temporelle, l'enfant n'est plus comblé, satisfait d'avance, gavé, repu dans un espace ouaté maternant. Il peut alors ressentir le manque, « son » manque, le localiser et définir ses vraies envies, ses propres souhaits. Il est aussi confronté au temps, mais surtout au temps qui passe, au temps qui s'arrête, au destin en marche... au vide, à la mort. Et, dans ce moment solitaire, il fait la double expérience de ces risques que sont la mort et le désir. Il vit le temps qui s'écoule, le vertige du vide jusqu'à l'orée de l'angoisse de mort ; et, soudain, la vie l'emporte, gagne, car surgit le remède à cette angoisse : le désir ! Désir rendu possible car une distance est enfin consentie entre le besoin et la demande ; ce moment de séparation puis de solitude offre donc à se sentir exister. Les pères, en imposant une coupure temporelle, invitent à cette conscience, les mères, en s'effaçant de l'espace, la favorisent. En acceptant la réalité des pères-temps, les mères-espaces font à leur enfant un cadeau bien plus grand que leur naissance : la conscience de leur mort... condition incontournable et indissociable de l'amour de la vie !

Trop de mère : refus des frustrations

En faisant obstacle au principe de plaisir continu du bébé par son antagoniste, le principe de réalité, le père instaure des adaptations psychiques telles que la mémoire, le jugement, l'attention, l'intelligence. Et surtout, il prépare très tôt son enfant à la frustration et donc au renoncement à la violence comme moyen de se satisfaire à tout prix ! Les mamans veulent combler totalement et tout de suite, les pères, avec leur « plus tard », font vivre l'absence de satisfaction immédiate. Les femmes ne peuvent donc inciter les hommes à devenir maternants sans être conscientes des risques pour leur enfant et pour la société. Le seuil de frustration de plus en plus bas de l'enfant le fait réagir avec brutalité à toute rencontre avec la réalité.

Un jour que j'emmenais ma filleule Émilie au cinéma voir le dessin animé *La Petite Sirène*, une grand-mère s'est installée juste devant nous avec son petit-fils. Quelques minutes après le début de la projection, le jeune garçon d'environ quatre ans se mit à hurler : « Mamie, change de chaîne, j'aime pas ça ! » La grand-mère, désemparée, tenta d'apaiser l'enfant en lui expliquant à voix basse qu'elle ne pouvait modifier le programme et qu'il serait bon d'attendre encore un peu. Peine perdue, le gamin se mit à crier, pleurer et exiger l'impossible, tant et si bien que la vieille dame dut sortir avec son petit-fils, qui lui donnait volontiers tapes et coups de pied ! Les centres médicaux psychopédagogiques s'étonnent d'ailleurs de recevoir depuis peu quelques grands-parents et parents battus.

Les exemples plus tragiques que celui de cette grand-mère au cinéma ne manquent pas dans les collèges et les lycées où, pour un objet convoité souvent d'une banalité affligeante, certains adolescents – toutes cultures et tous milieux confondus – n'hésitent pas à sortir un couteau, et même une arme à feu ! Pour eux, la frustration devient très rapidement insoutenable. Là encore, on peut déplorer l'absence de coupure du père, coupure qui inaugure le glissement salutaire de l'individu au sujet. En effet, cette fonction paternelle divise le bébé « individu », par définition « indivisible » donc plein de lui-même, complet avec sa mère, repus comme le père d'Éros, Poros, sans manque et par conséquent sans désir. Le père qui divise permet, lui, la bascule de l'individu au « sujet », du latin *subjectus*, « soumis », soumis au manque, au désir, soumis à soi, à l'Autre, à la loi ! Dans le cas de certains jeunes Maghrébins délinquants, il s'agirait peut-être d'un problème de père et de lois, mais sans doute de deux lois antinomiques : la loi de leur géniteur contre la loi de la France. Dans leur culture, les mères respectent et font encore respecter la loi des pères. Les enfants l'ont donc symboliquement assimilée. Cependant, comment certains peuvent-ils respecter les lois françaises lorsque, dans leur cas, le pays porteur de ces lois dénigre, humilie, méprise leur père, incarnation de leur propre justice ? Ces pères arabes sont doublement discrédités : en tant qu'hommes n'ayant pu trouver une situation professionnelle « honorable », et en tant qu'ex-colonisés, donc anciens sujets soumis. Les immigrés originaires de pays plus « neutres » pour les Français ne subissent pas le même ostracisme (Polonais, Arméniens, Portugais, etc.). Il est dommage que l'étymologie soit, pour beaucoup d'humains, une conscience oubliée : l'origine du mot « colon » provient du latin *colo* signifiant « soigner » et « honorer » !

Paradoxalement, plus ces jeunes Maghrébins auront intégré une droiture transgénérationnelle, plus ils auront l'obligation d'être déloyaux envers la France et sa justice pour préserver leur construction identitaire. Entre la loi de leur père et celle de leur terre d'adoption, ils choisissent le respect de leur père, qui implique l'irrespect des lois françaises.

Loi et frustration sont donc les barrières fondamentales constitutives de l'identité sociale de nos petits. Nous devons laisser les pères imposer ces repères vitaux. Nous devons réaliser que les hommes sont habités par une dynamique sur laquelle nous pouvons compter pour accompagner et passer les crises identitaires de nos enfants. Cette force est la pulsion de mort, présente pour les deux sexes mais certainement plus à l'œuvre chez l'homme. Effectivement, à l'origine des temps, le mâle avait une forte et nécessaire propension à tuer. Il avait le rôle vital du chasseur, du guerrier, du défenseur de la tribu. La mort était son domaine familier, familier également pour son corps puissant et combatif. Aujourd'hui, les combats à mains nues et autres guerres de tranchées n'ont plus cours. La pulsion de mort, inscrite dans leur corps, est devenue une fonction symbolique dont les pères sont en charge. Les femmes espèrent-elles, en féminisant les hommes, les décharger de cette part de violence, d'agressivité, d'animalité ? Elles sont ainsi non seulement oublieuses de la préhistoire et de l'histoire, mais également dans le déni de notre futur. Le sentiment de mort est incontestablement de retour sur la scène mondiale. Les agressions terroristes, la peur de la guerre, les longs débats sécuritaires (justifiés ou non !) occupent de plus en plus notre quotidien. Les hommes politiques commencent à en prendre conscience. En témoigne cette scène qui se déroule pendant une messe à la mémoire des victimes du 11 septembre 2001, à la cathédrale de Washington. George Bush père, le visage tranquille, passant devant sa belle-fille, va résolument chercher la main de George Bush fils, accablé. Il la serre alors fortement, longuement, sous le regard attendri de la mère de l'actuel président des États-Unis. À l'évidence, il faut « du père » pour affronter les tragédies.

Féminisation de la maternité

Il fut un temps où les femmes étaient dévolues à la seule fonction maternante. Le féminin existait à peine, et la maternité était glorifiée. Entre « femme » et « mère », les hommes, soutenus par une société un brin (!) machiste, avaient décidé pour nous... et mères nous fûmes. Ce temps est officiellement révolu. Pourtant, les hommes ne sont pas toujours très clairs sur cette différence. Et même si j'ai fait le choix éthique envers les hommes de ne pas les confronter et de centrer mes réflexions uniquement sur nos responsabilités féminines – à eux de faire leur mea culpa –, voici une anecdote éclairante. Manuel Poirier était venu présenter son film *Western*[1] dans la salle du Royale, « notre » salle art et essai toulonnaise. C'est l'histoire de deux hommes solitaires que

1. *Western*, film de Manuel Poirier, avec Sacha Bourdo, Sergi Lopez, 1997.

les hasards de la vie amènent à se côtoyer, et qui parcourent ensemble la Bretagne. Ce *road movie* contemporain relate, avec poésie et humour, une amitié, des rencontres et, surtout, une quête de l'amour. Quête explicite. En effet, l'un des héros, Paco, rassure ainsi son nouvel ami, Nino : « Il y a forcément une femme pour toi... une femme amoureuse de toi, mais qui ne le sait pas encore. Je suis sûr que, dans chaque ville de France, il y a une femme qui tomberait amoureuse de toi en te connaissant. Quand je dis une femme, c'est au minimum, alors quand tu comptes le nombre de villes en France, ça fait un potentiel énorme ! » Et effectivement, à la fin du film, l'ami désespéré rencontre une femme entourée de nombreux enfants, un enfant par compagnon de fortune qui lui a plu : quand elle aime, elle devient maman. La dernière image du film accentue cette évidence. Lors d'un repas familial, Nino et sa récente compagne sont attablés avec une multitude d'enfants dont le nombre ne cesse d'augmenter au fur et à mesure que la caméra s'éloigne, dévoilant ainsi une tablée interminable.

À la fin de la projection, Manuel Poirier s'est offert, avec gaieté et subtilité, au jeu des questions-réponses sur ce film aussi drôle, léger, intense et authentique qu'émouvant. Au bout d'un moment, je me suis décidée à lui faire partager mon embarras en tentant, peine perdue, de l'y amener avec tact : « Si je comprends bien, ces deux hommes sont à la recherche d'une femme ? » Ma question obtint un silence gentiment indulgent. Je poursuivis, hésitante : « Comment se fait-il alors qu'à la fin du film, l'un des héros trouve l'amour en la personne d'une mère ? Est-ce que pour vous féminité et maternité sont identiques ? » De façon très facétieuse, le cinéaste a alors fait mine de quitter la salle puis est revenu en prenant un air tout penaud : « Euh ! Je ne suis pas obligé de répondre à toutes les questions ? » La salle a explosé de rire, et moi avec.

Aujourd'hui, face au choix femme/mère, beaucoup de mamans, à l'exception bien sûr des salariées qui sont dans l'obligation vitale de ramener une paie à la maison, croient pouvoir opter pour le rôle de « travailleuses » (comme dirait Arlette Laguiller), plutôt que pour celui de mamans. Il est scandaleux de nous laisser seules face à ces choix. Et comme les hommes prennent peu le relais, nous cumulons, avec les tiraillements et la culpabilité que l'on sait, les deux fonctions : femme ET mère. Mais quelle mère : les enfants doivent s'adapter aux crèches, nounous, centres aérés, trajets divers et, surtout, à des « dépêche-toi » permanents. Pourtant, institutrices, pédiatres, psychologues, etc., nous alertent régulièrement en signalant combien, sauf quelques surprenantes exceptions, ils repèrent presque à l'œil nu l'enfant épanoui et confiant car élevé « au grain » et « sous la mère », de celui inquiet, speedé par ses parents. Faudra-t-il, comme pour les poulets et les veaux, une alarme écologique afin de réfléchir efficacement à cette nouvelle forme de dé-maternage ? Mais qui oserait, en 2004, s'insurger contre cette désertion maternante sans avoir peur de se faire traiter de réactionnaire ?

En tant qu'« ancienne » femme et maman, je souhaiterais mettre en garde les jeunes femmes à l'aide d'études concernant cette problématique du temps et du mode de maternage, dans la seule fin de les éclairer vers des solutions en toute connaissance de cause. Et plus particulièrement pour leur donner des arguments convaincants pour leur mari, pour la société. Ou, à défaut, pour qu'elles puissent exiger de nouvelles enquêtes ?

Les « vieilles études » ne manquent effectivement pas. Je n'en retiendrai que deux : celle de Spitz et celle de Bowlby, tout simplement parce qu'elles me paraissent si pleines de bon sens qu'elles méritent, à tout le moins, un minimum d'attention.

René Arped Spitz, célèbre psychiatre et psychanalyste d'origine hongroise mort en 1974, décrit un syndrome, « l'hospitalisme », qui devrait nous inquiéter. Convaincu de l'influence capitale de l'environnement sur la croissance psychique de l'enfant, Spitz mène des recherches expérimentales et comparatives sur des nourrissons élevés dans deux milieux différents : une crèche pénitentiaire, où les mères emprisonnées s'occupent en permanence de leur bébé, et une pouponnière, où les nourrissons, séparés de leur mère, bénéficient de la présence constante d'un personnel qualifié dans l'hygiène, la diététique et les soins médicaux. Les résultats sont surprenants :

le développement des enfants « prisonniers » est de loin le meilleur ! Les enfants de la pouponnière, quant à eux, souffrent de dépérissement physique et intellectuel en raison de la séparation précoce d'avec leur mère et de l'absence de son remplacement par un substitut adéquat constant, pouvant combler leurs désirs affectifs et sociaux. C'est ce syndrome dépressif qui est nommé « hospitalisme ». La première conclusion, pour nous, est que la multiplication d'intervenants, même de haute qualité, auprès de nos bébés ne leur garantirait pas un climat émotionnel et intellectuel propice à leur bonheur et à leur croissance.

Ces constatations sont déjà préoccupantes, mais la suite l'est plus encore. L'étude démontre enfin que l'hospitalisme est encore plus prononcé chez les bébés qui ont pu vivre quelques mois avec leur mère avant le placement ! N'est-ce pas exactement ce que subissent nos bébés : quelques mois à la maison avec leur mère puis la grande séparation, à l'âge de deux ou trois mois, vers des lieux et des personnes variables ?

Le deuxième exemple singulier qui souligne l'importance décisive de la présence maternelle auprès du tout-petit provient de John Bowlby, pédiatre et psychanalyste anglais mort en 1972. Il s'est lui-même inspiré des travaux de Spitz, mais aussi de ceux de Harlow et de Konrad Lorentz.

Harlow, pionnier de la recherche sur la privation de contacts physiques, a mené une expérience avec des petits singes rhésus avec les résultats suivants : les bébés singes avec une maman en chiffon fonctionnaient bien mieux que ceux avec une mère en fil de fer ; par ailleurs, les petits rhésus préféraient se blottir contre la poupée de chiffon chaude et douce même si c'était la mère-fil de fer qui leur donnait à manger. Lorentz, pour sa part, a mis en évidence le concept d'« empreinte ». Il a dormi vingt-quatre heures avec des canetons qui venaient de naître et, lorsqu'il s'est levé, les bébés suivaient ses chaussures et non la cane, leur maman ; même ramenés à leur mère, les canetons piaillaient et une espèce de contagion d'angoisse s'emparait d'eux, jusqu'à ce que Konrad Lorentz les rejoigne. Cette empreinte sensorielle de la maman dès la naissance, alliée à la recherche du moelleux des premiers contacts charnels, a donc soutenu les études de Bowlby.

S'écartant des théories psychanalytiques classiques insistant, elles, sur l'intensité des premières relations orales entre la mère et son petit, Bowlby met au jour la « pulsion d'attachement » : pour lui, bien avant son lien alimentaire, l'enfant a, pendant les deux premières années de sa vie, la nécessité d'un attachement corporel à sa maman, d'un agrippement physique. La réussite de cet attachement garantit, selon Bowlby, le sentiment de confiance en soi et de sécurité du bébé, qui sera ainsi suffisamment armé pour affronter les futures séparations et autres inévitables épreuves de la vie.

Le jugement de Salomon

Faudrait-il alors que celles qui souhaitent prendre ou reprendre une activité professionnelle aient le courage de placer leur nouveau-né chez une nourrice dès la naissance, sans même le voir, comme au siècle dernier ? Devrions-nous sacrifier de la sorte notre bonheur maternel pour le bonheur de nos enfants ? Serions-nous en cela des mères vraiment aimantes, comme celle dépeinte dans le jugement du roi Salomon ? Dans cette histoire, deux femmes réclament justice au roi, chacune affirmant qu'elle est la mère du bébé qu'elles lui amènent. Salomon, reconnu pour sa sagesse divine, demande tout simplement à un garde de couper l'enfant avec son immense sabre : « Partagez l'enfant vivant en deux et donnez la moitié à l'une et la moitié à l'autre. » Aussitôt, une des prétendues mamans hurle : « S'il te plaît, monseigneur, qu'on lui donne l'enfant, qu'on ne le tue pas ! » En désignant la femme qui a ainsi arrêté le bras du garde, Salomon déclare : « C'est elle la mère ! »

De façon métaphorique, dans notre actuelle société, un sabre coupe nos enfants en deux et ce sabre est brandi par... leur mère elle-même ! Le bébé est en effet tiraillé entre sa mère-maman et sa mère-femme, entre les gros câlins et les abandons, entre une surprotection intensive et une mise en danger involontaire. Avant de réfléchir à des solutions, interrogeons-nous : pourquoi, malgré toute notre infinie tendresse, prendre de tels risques avec la santé psychique de nos enfants ? Il faut croire que l'enjeu est vraiment crucial ! Deux raisons majeures sont généralement évoquées par les femmes : le souhait d'épanouissement personnel et la volonté d'approcher le pouvoir social, voire d'y accéder.

Femme ou mère : choix impossible ?

Notre épanouissement personnel sera atteint lorsque nous nous sentirons aimables et désirables... en dehors du regard de l'Autre, en dehors des paroles de l'Autre, au fin fond de notre propre intime conviction. Cette harmonie interne a un double objectif : commencer à se plaire pour ensuite accepter de plaire aux autres. Cela aboutit à « être » aimables et désirables, sans « faire » quoi que ce soit.

Il m'arrive parfois, dans les accompagnements de dirigeantes d'entreprise en coaching individuel, de leur poser la question suivante : « Imaginez que vous arriviez à un cocktail où se trouvent déjà rassemblées vingt personnes complètement inconnues de vous ; là, immédiatement, en vous voyant, combien d'invités vous trouveront tout de suite aimable et désirable ? » La réponse est quasiment inéluctable : « Sans rien faire ? Entre deux et sept sur vingt ! » Seuls les chiffres varient mais sans jamais dépasser la moyenne !

Les hommes, eux, s'attribuent immanquablement des notes au-dessus de dix. Ils se savent, eux, aimables et désirables. Il leur faut « seulement » vérifier s'ils sont à la hauteur ! Alors, ils investissent intensément leur vie professionnelle, seul lieu abrupt où ils pourront faire leurs preuves concrètes et réparer leur doute identitaire. Vouloir féminiser les hommes en les incitant à devenir « hommes au foyer » est donc inadapté à leur objectif structurel, sauf si c'est un vrai choix de leur part. Mais cette réponse sociale des hommes à leur problématique ne vaut que pour eux ! Les femmes se trompent en visant cette même solution, car pour elles, le lieu de réparation se situe avant tout dans le « mou », dans le monde affectif.

Et nos enfants sont les premiers incitateurs de notre réparation. Ils nous trouvent aimables et désirables, inconditionnellement, tendrement, durablement. Nous les créons en même temps qu'ils nous recréent. Dans le magazine *Elle* du 14 juin 2004, l'actrice Karin Viard résumait ainsi cette hypothèse : « Je crois que la féminité se construit par étapes. Pour moi, le fait de devenir mère m'a permis d'accéder à quelque chose qui était fermé jusque-là. Cela m'a ouvert des portes, m'a libérée... Depuis la naissance de mes filles, j'ai l'impression d'être plus femme que je n'avais jamais été. Je me trouve plus jolie, moins empêtrée... » Nous donnons naissance à nos enfants en même temps qu'ils initient notre con-naissance, *cum nascere*, « naître avec », mais aussi « naître d'en haut »... tel Nicodème ?

La Bible rapporte l'histoire de ce vieil homme, ce docteur d'Israël du nom de Nicodème, à qui Jésus déclare un jour[1] : « En vérité, en vérité je te le dis, si un homme ne naît de nouveau il ne peut voir le royaume de Dieu. » Nicodème lui fait alors remarquer : « Comment un homme peut-il naître quand il est vieux ? Peut-il une seconde fois entrer dans le sein de sa mère et naître ? » Jésus lui répond : « En vérité, en vérité je te le dis, si un homme ne naît d'eau et d'esprit, il ne peut entrer dans le royaume de Dieu. »

Naître une deuxième fois, c'est sans doute le travail de toute une vie, pour tous les humains. Lorsque les enfants naissent la première fois, en sortant du ventre de leur mère, deux questions essentielles sont posées avec une visée unique, la définition de leur identité : « Fille ou garçon ? » et « Quel est son nom ? ». Et les réponses sont obligatoirement données par d'autres. Pour répondre « en personne » à cette double interrogation, l'adulte doit accoucher de lui-même, il doit « tuer l'enfant de ses parents ». Cet enfant, les parents l'inventent s'ils l'investissent et, en l'investissant, le préservent ainsi de l'hospitalisme, sort tragique des bébés abandonnés affectivement ; donc, paradoxalement, ils le sauvent tout en l'enfermant. L'enfant – *infans*, « sans parole » –, ne pouvant s'exprimer, est alors pris dans les fantasmes de ses géniteurs ; attentes, projections, réparations sont des jeux qui musellent ensuite lentement le « je ». C'est en renonçant à cette nécessaire aliénation de l'enfance que l'adulte peut enfin donner corps à sa propre

1. Jean, III, 3-5, 9-10.

vérité. « La vérité vous rendra libre », disait saint Jean, et Freud ne le démentira pas, il en fera même le but de tout travail psychanalytique.

Et de façon surprenante, nous les mères, en accouchant nos enfants « par le bas », nous commençons notre propre accouchement « par le haut ». Dieu merci, celles qui ne peuvent avoir d'enfants ont bien d'autres solutions ! L'investissement d'un enfant de la famille ou d'amis, l'engagement professionnel ou bénévole, l'épanouissement dans des activités artistiques, culturelles ou sportives, etc. Mais pour les mamans, l'expérience est toute trouvée : devoir renoncer à soi et être centrée sur l'autre, donner sans compter et recevoir quand même, obtenir d'être aimée sans avoir à séduire et sortir ainsi sans risque de la mascarade, parvenir à co-construire avec notre enfant sa vie d'adulte, etc. À l'évidence aussi, notre « elle ne l'a pas » énoncé à notre naissance est réparé par ce nourrisson que nous « avons ». Mais ces apprentissages maternants ne sont fructueux pour notre identité féminine que s'ils sont menés jusqu'au bout, c'est-à-dire jusqu'à ce que l'enfant soit suffisamment construit pour quitter sans risque le giron maternel. Lorsque notre mission est réussie, alors seulement, nous vérifions au cœur de ce cercle vertueux sans cesse alimenté – donner et recevoir – que nous pouvons en même temps « être » bien et « faire » bien. Avoir goûté ainsi à notre « être » valorisé à nos propres yeux nous permet sans nul doute de désirer poursuivre ce chemin vers notre féminin, étape préalable pour désirer ensuite ouvrir avec bonheur ce chemin à l'accueil du masculin incarné, l'homme ?

En ce qui concerne le pouvoir que nous n'aurions pas et qui entraverait notre épanouissement, cette idée me semble tout simplement indécente ! Collaborer à la fabrication de voitures, d'ordinateurs, de yaourts ou de slogans publicitaires, même en tant que « pédégère », nous donnerait plus de pouvoir sur la société qu'élever de futurs citoyens ou de futures citoyennes ! Nous aurions donc moins d'influence en nous consacrant à l'équilibre psychique des prochaines générations qu'en coopérant à la progression économique des entreprises ?

Lorsqu'elles excluent les potentialités de bonheur de nos enfants, ces idées me semblent, pour moi quinquagénaire, humiliantes pour eux, honteuses pour les mères, désolantes pour la société. C'est à nouveau en mettant des « ou » à la place des « et » (les enfants « ou » le pouvoir) que nous en arrivons à des conclusions qui me paraissent contre le sens de la vie ! Il faudra cependant y revenir plus longuement dans l'épilogue qui suit et dans le chapitre consacré à la société.

Épilogue

Les théories de Spitz, Bowlby, Harlow, Lorentz et autres spécialistes d'hier et d'aujourd'hui démontrent une évidence : le bébé est un bien précieux qui s'attache à la toute première personne sensoriellement imprégnante. Il est nécessaire que cette même personne l'entoure de soins et de liens affectifs constants et que ce cocon harmonieux et cohérent l'accompagne pendant un temps suffisamment conséquent pour fonder des racines identitaires solides et résistantes. Aujourd'hui, seule la maman répond encore à tous ces critères, et surtout au premier : l'empreinte immédiate de tous les sens du nourrisson, l'odeur et le doux toucher étant les plus irrémédiablement gravés dans notre « disque dur » !

Même si le bon sens ne fait plus recette et n'est plus du tout à la mode, tout le monde s'accorde quand même à reconnaître l'impact de cette petite enfance sur la vie d'adulte et l'éventuel bien-fondé des raisonnements des spécialistes. Qu'il n'y ait pas consensus sur les solutions éducatives, c'est une autre évidence. Alors pourquoi ne pas tenir compte du bénéfice du doute ? Pourquoi ne pas appliquer aux humains la conscience écologique qui incite à protéger la planète ? La terre mériterait-elle plus de circonspection que les Terriens eux-mêmes ? Nos bébés ne pourraient, eux, profiter d'un « développement durable » et du fameux « principe de précaution » ?

Que dit l'article 5 de la Charte de l'environnement[1] sur ce principe de précaution ? « Lorsque la réalisation d'un dommage, bien qu'incertaine en

1. Charte adoptée en Conseil des ministres le 25 juin 2003.

l'état des connaissances scientifiques, pourrait affecter de manière grave et irréversible l'environnement, les autorités publiques veillent, par application du principe de précaution, à l'adoption de mesures provisoires et proportionnées afin d'éviter la réalisation du dommage ainsi qu'à la mise en œuvre de procédures d'évaluation des risques encourus. »

Évaluons donc les risques encourus par nos enfants et, en attendant, regardons la vérité en face. En l'état actuel de nos connaissances, nos tout-petits ont assurément davantage besoin de leur maman, longuement, plus longuement. C'est peut-être parce que nous avons d'énormes difficultés à admettre notre plus-value en tant que femmes que nous doutons de notre irremplaçable enrichissement en tant que mères. Nous sommes ainsi plus facilement réceptives aux sirènes sociales masculines. Les hommes ont réussi à nous convaincre, nous les femmes, de la prééminence de tout ce qui se jouait sur le plan social, visible, ailleurs qu'à la maison. Ils ont juste oublié d'en convaincre aussi les bébés.

Tant que nous n'avions pas encore d'âme (avant le concile de Nicée, 325) et de droit de vote (avant 1945), notre absence de place dans l'organisation sociale était cohérente. Aujourd'hui, nous y avons donc accès. Mais, comme si cela était une faveur, c'est à nous d'empiler comme nous pouvons ce nouveau rôle sur notre responsabilité maternelle inhérente. Nous sommes pourtant reconnues, en paroles – qui nous bercent, nous si auditives –, pour cette double valeur de femme et de mère, avec même certains discours éblouissants ; du poétique, « la femme est l'avenir de l'homme », au plus suspect, « comment font-elles pour être si performantes sur tous les fronts, cela force l'admiration et le respect ! ». Et nous continuons, en actes, à nous voir seulement offrir pour notre fonction maternelle de nombreux... encouragements, et pour notre place sociale un strapontin... mais de plus en plus doré à présent ! Et cela nous paralyse, car nous subissons ainsi deux terribles doubles contraintes, interne et externe.

Double contrainte interne : plus nous sommes gratifiées dans ce que nous « faisons », plus nous nous sentons « réparées » dans notre blessure identitaire et plus nous continuons donc à faire encore plus... et moins nous pouvons nous arrêter pour prendre le temps d'« être », et ainsi nous autoréconcilier avec nous-mêmes. Or, cette réconciliation interne nous permettrait effectivement de nous sentir hautement fondées, pour revendiquer de moins faire en externe et pour exiger sereinement des solutions hors normes.

Double contrainte externe avec un discours social déconcertant : « Vous êtes des professionnelles et des citoyennes extraordinaires dont la société ne peut absolument pas se passer, mais cette même société n'est en rien concernée par votre impossibilité à gérer vos multiples fonctions qui vous freinent dans ces mêmes activités professionnelles et citoyennes. »

Et les médias alimentent à l'envi nos tiraillements

mère/femme et nos culpabilités en redessinant de nouvelles images d'Épinal, tout aussi inaccessibles que les anciennes. Dans de vastes bureaux design, on découvre de sublimes créatures minces, musclées, élégantes, un téléphone dans une main, et dans l'autre, délicatement enfouie, la minuscule menotte de leur adorable petit dernier (elles assument bien sûr une famille nombreuse), resplendissant de santé et de gaieté. Et les jeunes lectrices de se lamenter : « Mais comment font-elles ? Je dois être bien nulle pour ne pas y arriver avec seulement deux enfants et un job moins important ! » Ces mensonges médiatiques sur les surprenantes capacités d'ubiquité de ces superwomen sont inadmissibles, douloureux et co-responsables du désarroi de certaines mères, convaincues ainsi de l'absence de solution à leur dilemme. Et, comme le laissent supposer de concert les magazines féminins et un proverbe chinois : « S'il n'y a pas de solutions, c'est qu'il n'y a pas de problème ! » Continuons donc à assumer encore plus !

Malheureusement, le problème existe, et il est de taille. Délaissons le proverbe chinois et rejoignons plutôt Einstein, qui affirmait : « Si un problème n'a pas de solution, c'est qu'il a été mal posé ! » Aujourd'hui, en ne donnant pas aux bébés le cadre maternel psychique stable et serein dont ils ont besoin pour fonder leurs solides racines d'humain, les femmes et les hommes insultent le futur. Tant qu'il n'est pas prouvé que Spitz, Bowlby, Winnicott et autres anciens chercheurs sont dépassés, donnons aux mamans le temps d'épanouir leurs bébés et de s'épanouir en même temps. En l'absence d'études contradictoires plus récentes, remarquons cependant que les inquiétudes de ces « anciens » sont conformes à celles d'actuels psychologues, psychanalystes, pédagogues, pédiatres, pédopsychiatres, aides-maternelles et enseignants. Ces spécialistes de la petite enfance insistent régulièrement sur la nécessité de donner à l'enfant suffisamment confiance en lui au sein de son cocon familial pour être à même d'affronter plus tard la collectivité en toute sécurité.

En regard de ces constats, que propose la société ? Des placebos, des compromis, des rafistolages. Plus de crèches et plus de nourrices agréées. Mieux, l'éventualité d'une scolarisation précoce est à l'étude afin que les enfants puissent entrer à la maternelle à deux ans. Crèches, nourrices, écoles, et qu'importe si les rythmes biologiques du bébé ne sont pas respectés, si les contraintes disciplinaires sont trop strictes pour lui, si l'exploration de son espace est freinée, si son langage est encore trop incertain pour se faire entendre, si les bousculades avec d'autres enfants plus âgés sont angoissantes, si la maîtrise de ses sphincters nécessite plus de précautions ! L'enfant est roi dans notre société mais, de façon aberrante, le bébé, lui, est vassal. À tel point que des mouvements de défense commencent à apparaître, non pas à nouveau contre la maltraitance ou la pédophilie, mais spécifiquement contre ce malmenage ordinaire des premières années des nourrissons. *Où commence la violence ? Pour une prévention chez le tout-petit*[1] et *Ne mettez pas votre enfant à l'école, il est trop petit*[2] sont, par exemple, deux livres récents qui ont la même volonté d'alerter l'opinion, tout comme le site Internet www.defenseurdesenfants.fr.

« Féminiser la maternité » relève donc plus de l'oxymoron (deux mots contradictoires) que du pléonasme (deux mots redondants). Quant à « materniser la féminité » en enfermant les femmes à la maison, cela relèverait d'une archaïque absurdité et d'une régression sociale misérable. Les jeunes femmes ne s'y trompent d'ailleurs pas et, pour l'instant, avec une tacite connivence internationale, elles font un même compromis : moins d'enfants pour tenter de concilier l'inconciliable. On comprend dès lors que les remarques sur l'éducation des bébés, l'avenir des femmes et la position des pères dépassent soudain le strict périmètre de la famille et de la société pour s'envoler vers un tout autre niveau. C'est en effet la civilisation tout entière qui paie aujourd'hui le prix de son désintérêt généralisé envers l'évolution féminine, de son lâche déni d'une préoccupation plus qu'avérée et de sa désinvolture affichée à mettre les femmes en demeure d'assumer, seules, ces terribles dilemmes. Les chiffres parlent d'eux-mêmes. Si l'on se cantonne

1. Danielle DALLOZ, *Où commence la violence ? Pour une prévention chez le tout-petit,* Paris, Albin Michel, « La cause de bébés », 2003.

2. Béatrice GUERVILLE, *Ne mettez pas votre enfant à l'école, il est trop petit*, Paris, First Editions, 2004.

à l'Europe, la décroissance démographique est une bombe à retardement. Juste deux chiffres éloquents. Alors qu'ils constituent aujourd'hui 13 % de la population mondiale, les Européens en représenteront 7 % dans le demi-siècle à venir [1]. Autre constat, en 2050, la population de l'Italie aura baissé de 20 % [2]. Au regard de cette diminution spectaculaire de la natalité dans les pays développés, il n'est donc plus question, dans un premier temps, de confort identitaire, d'épanouissement personnel, de guerre des sexes, de progrès social ou autres polémiques récurrentes, toutes aussi stériles dans leur absence de solutions proposées que stérilisantes pour la démographie. Il s'agit donc, dans nos pays favorisés, simplement et tragiquement d'extinction de l'espèce et donc d'urgence. Et là où la natalité se maintient, en Afrique par exemple, urgence également puisque l'espérance de vie baisse sérieusement.

Alors comment affronter cette quadrature du cercle familial et social, épicentre d'un futur séisme planétaire ? En acceptant d'examiner le problème en face. En osant poser quelques premières questions basiques concernant tout d'abord les femmes. Comment rester plus longtemps auprès de nos bébés en gardant un futur professionnel et une mise à jour

1. RDT Infos, *Magazine de la Recherche européenne*, n° 30, juin 2001.

2. *New York Times*, interview de Joseph Chamie, directeur de la division de la Population aux Nations unies, septembre 2004.

régulière de nos compétences, et ce quel que soit notre niveau de fonction ? Comment mettre notre vie sociale entre parenthèses, pendant trois ans pour chaque enfant, sans préjudice pour notre réinsertion ultérieure ? Et comment combler le manque à gagner financier pendant cet arrêt de travail ? Comment aussi, au-delà de ces trois ans, passer le relais aux pères pour que les mères réinvestissent totalement leur métier et soient réinvesties par le monde du travail ?

Même si la situation est préoccupante, il nous faut quand même nous autoriser à rêver, prélude à la dynamique créative. Rêver avec « gourmandise et espoir », deux vecteurs exprimés par Philippe Lemoine[1], dans un autre contexte mais toujours sur ce même chemin de modernité. Rêver pour l'avènement de ce changement éthique et capital. Femmes, hommes, gouvernants, spécialistes doivent accomplir cette révolte psycho-socio-historique qui tiendra compte de ces trois priorités, non exclusives : l'avenir des enfants, l'avenir de leur maman et l'avenir de l'espèce humaine. Et, surtout, il faudra ensuite veiller à l'application concrète de solutions, loin des vains propos uniquement déclaratifs ou incantatoires.

Nous, femmes, avons, tout comme les hommes, une plus-value incontestable dans des champs de

1. Philippe Lemoine, président de Laser, co-président du directoire du groupe Galeries Lafayette, in *Cahier Laser,* n° 6, Éditions Descartes et compagnie, 2003, p. 235.

compétence professionnelle identiques et complémentaires. Nous avons par ailleurs une noble « mission démographique » que nous ne devons plus accepter de brader, restreindre, refuser ou assumer dans n'importe quelles conditions. Si nous en sommes convaincues, nous devons utiliser autrement notre extraordinaire virtuosité à « assurer » sur tous les fronts. Notre possible présence sexuée, sexuelle, maternelle et féminine dans les domaines de la famille et de la société est l'affaire de tous. Elle ne peut se satisfaire d'ingénieux bricolages – à nos seules charge et gloire. Nos enfants et nous-mêmes méritons de nous cocooner avec gourmandise, et de nous épanouir au travail avec tout autant de gourmandise. Nos valeurs de femmes et de mères nous autorisent à exiger fièrement la concrétisation de nos espoirs, en plaçant le débat au niveau qui convient.

C'est aujourd'hui un choix urgent et vital pour une civilisation « durable » !

LA SOCIÉTÉ

La féminisation du couple et la toute-puissance de la mère, effaçant les re-pères au sein de la famille, se reflètent bien évidemment dans la société, sans que cela soit pour autant le résultat d'une volonté déterminée des femmes. Cela se traduit par une attitude généralisée, tantôt maternante, tantôt infantile, de l'État, des hommes politiques, des citoyens. Cela se traduit encore par cette envie acharnée de « mêmeitude », confondant la saine revendication d'une égalité entre les sexes avec une vaine détermination, parfois aveugle, de similitude. Les confusions d'identité et de territoire sont donc au rendez-vous : pères-mères, adultes-enfants, maîtres-élèves, citoyens-hommes politiques, État-maman, hommes-femmes.

Féminisation de la fonction nourricière

De l'allaitement des nourrissons à la cuisine, il n'y a qu'un pas. Faire la cuisine est une extension de cette fonction nourricière princeps que les mères tendent également à féminiser aujourd'hui en la réduisant à une mission seulement opératoire, vitale, physiologique. Pour nombre de femmes, « il faut manger pour vivre et surtout pas vivre pour manger » ! Les repas ont été « dégraissés » de leur fonction symbolique, sacrée. En effet, n'est-ce pas sacré d'offrir des aliments qui vont muter en la propre substance de l'autre ? la substance intime de ses convives, intime qui provient du latin *intimus*, superlatif de *interior* ? Ce caractère spirituel de la nourriture n'échappe, effectivement, à aucune religion : dons d'aliments tout autant pour les dieux de l'Antiquité que pour le Dieu des religions monothéistes. Ces mêmes religions qui dictent certains interdits alimentaires pour favoriser la pureté de l'âme. Quant à l'Eucharistie, elle symbolise la présence « intime » de Jésus-Christ dans le pain et le vin, devenus ainsi des aliments sacrés tout comme le lait et le miel, sources de vie accordées par les dieux pour notre *interior*.

En évacuant le côté sacré de la nourriture, les femmes en suppriment aussi son lien étroit avec la sexualité et la vie sociale. La sexualité parce qu'il s'agit de plaisir ; les gourmands sont supposés avoir une sexualité épanouie. Dans ce domaine, les femmes deviennent suspectes, leur rationalité supplantant trop souvent leur satisfaction. Un ami, Eddy, frétillant quinquagénaire, a vécu – à regret – une anecdote illustrant ce thème. Il m'avait déjà longuement parlé de Léa, rencontrée à un vernissage. Cette femme, blonde, jolie, élégante, fine, « classieuse » (disait-il), le subjuguait à tel point que lui, le parfait don Juan légèrement désabusé, se montrait soudain plutôt timide dans son approche. Après plusieurs semaines d'atermoiement, il me téléphona un jour pour m'annoncer qu'il avait enfin obtenu de sa belle un dîner pour le soir même. Très ému, il m'interrogea alors sur le choix du restaurant, le « petit indien » ou le « grand chinois », sur le choix de son eau de toilette, « eau sauvage » ou « eau de lavande », et presque sur la couleur de sa cravate ! Puis, plus de nouvelles. Je respectai ce silence, pensant que les tourtereaux avaient besoin de solitude. Finalement, au bout de trois jours, je reçus un appel d'Eddy assez laconique, m'interrogeant sur un article à écrire en commun sur la créativité. Et, bien sûr, je le questionnai : « Alors ? – Alors quoi ? me répondit-il, visiblement agacé. – Eh bien, Léa ? » Son amertume éclata subitement : « Je l'ai tout simplement raccompagnée chez elle, sans monter. Je ne monte pas, moi, avec une femme qui se nourrit uniquement de fils de haricots verts ! » Le sexologue Willy Pasini, professeur de psychiatrie à Genève, confirme lui aussi ce lien entre nourriture et sexualité. Dans son livre *Nourriture et amour*[1], il affirme entre autres que 85 % des éjaculateurs précoces mangent trop vite, la réciproque est, je l'espère, inexacte !

Enfin, en vidant la nourriture de sa dimension

1. Willy PASINI, *Nourriture et amour*, Paris, Payot, 2004.

sacrée et sexuelle, les femmes la privent aussi de son lien social majeur. Le compagnon est, étymologiquement, celui avec lequel on partage le pain. Ce partage du pain est un symbole universel d'alliance : Ève tend la pomme à Adam, la Cène réunit le Christ et ses apôtres, Pessah fête la Pâque juive, l'Aïd-el-Kebir célèbre la fête du mouton. La famille se regroupe autour de la table et « assoie » ainsi (sans la télévision !) non seulement les liens affectifs mais encore la culture du groupe social, ethnique, religieux. Par ailleurs, les rites de passage ou les prémices à un accord s'associent toujours à un repas partagé, baptême, mariage, deuil, affaires, séduction.

Ce lien social se renforce également par un imaginaire commun. La tomate est associée à la fraîcheur, à l'été, le gâteau représente la fête, la viande rouge la force, et l'alcool est censé « dissoudre le sur-moi », pour reprendre une plaisanterie chère aux psys ; enfin, le sucre imprégnerait l'humain d'une sorte d'égoïsme naturel... Croyance inquiétante lorsque l'on connaît l'augmentation spectaculaire d'absorption de glucose ces dernières décennies. Sociale aussi est la transmission commune du goût. C'est une transmission biologique, individuelle, culturelle, familiale (les mères et les grands-mères transmettent-elles encore leurs recettes secrètes ?). Et, finalement, lien social accru par un partage de la « mise à mort ». L'animal qui gît dans nos assiettes communes noue une complicité totémique, complicité qui signifie une appartenance à un ordre social différencié, hiérarchisé, et qui nous érige en « commensaux » : manger, c'est à la fois tuer et aimer ensemble. (Même pour les végétariens qui tuent les carottes ?)

Et lorsque le lien social du repas est possible, que la famille ou les amis se trouvent quand même réunis, la convivialité est encore souvent mise à mal. C'est avec des régimes que les femmes achèvent matériellement les « dégraissages », à la fois concrets et symboliques, de cette chaîne nourricière originellement maternelle. *Regimen* est un mot latin qui désigne l'action de diriger, de gouverner. Sans le savoir d'ailleurs, les femmes poursuivent ainsi, en le réduisant à sa portion congrue, le projet légaliste, de maîtrise donc, de la gastronomie, terme dérivé de *nomos*, « législation » ! Les premiers gastronomes étaient en effet tous en rapport avec l'univers de la loi : Berchoux, magistrat, Fournier, homme de loi, Brillat-Savarin, avocat ; Grimod, père de la gastronomie moderne, avait également poursuivi des études de droit. La révolution technologique encourage également les femmes dans cette intention coercitive. La nutrition est aujourd'hui dominée par la physique, la chimie, la technique, l'industrie. Déshydratation, coloration, congélation, conservation, aliments génétiquement modifiés, etc., sont notre quotidien. La perte de contact avec la nature est évidente. Et ces nouveaux aliments, industrialisés loin de nos regards, dans d'obscurs chaudrons, réveillent en chacun des peurs ataviques immémoriales, que seules des mères généreusement nourricières peuvent apaiser. Manger, maintenant, commence avant tout par gérer nos soupçons.

Soupçons que les femmes augmentent aussi considérablement au sein de leur famille par leurs propres comportements alimentaires restrictifs. Combien de mères, pour ne pas grossir, se nourrissent différemment de leur famille pendant les repas ? En mesurent-elles la conséquence sur leurs proches ? Pour l'avoir entendu au sein de mon cabinet, je sais que les enfants vivent mal cette discrimination. Un micro-trottoir personnel l'a confirmé : j'ai questionné mon entourage et l'entourage de mon entourage (chaque ami ayant la mission d'interroger des amis, des relations de travail, de la famille). Ludivine, jeune voisine de seize ans, a brutalement résumé de la sorte une appréhension généralisée : « Si ma mère pense que les aliments qu'elle me donne ne sont pas bons pour elle, alors pourquoi elle me les donne ? Elle veut m'empoisonner ? » Et la société se plie à cette volonté féminine de chasser les kilos. Médecins généralistes en tête, suivis de chercheurs, diététiciens, nutritionnistes, médias, État, mouvements consuméristes, etc. Personne n'ose contredire ce déchaînement féminin, que seule l'obésité ou un problème de métabolisme justifie !

Ma fille Delphine avait quatorze ans lorsque j'ai dû, un jour, rendre des comptes à son nouveau professeur de danse au sujet d'un aliment hautement dangereux et nocif : un pain au chocolat ! L'événement s'est déroulé lors de la préparation du gala de fin d'année. Delphine suivait des cours de danse depuis l'âge de quatre ans. Même si elle était particulièrement douée pour cet art et même si son physique était mince et gracieux (objectivité de la maman !), elle ne souhaitait nullement faire carrière comme danseuse. Ce que son professeur savait, d'ailleurs. L'objet du litige était donc un pain au chocolat que j'avais glissé dans son sac, à côté d'une pomme et d'une bouteille d'eau, pour tenir pendant les six heures de répétition du gala, un samedi après-midi. Lorsque je suis revenue chercher ma fille, à la fin de cette fameuse journée, je l'ai retrouvée, penaude, dans un coin du vestiaire. Elle me dit, au bord des larmes : « À quatre heures, mon professeur m'a arraché le pain au chocolat des mains. » Et, avant que j'aie eu le temps d'éclaircir la situation, j'entends effectivement le professeur m'invectiver : « C'est vraiment scandaleux que ce ne soit pas vous qui imposiez à votre fille plus de rigueur alimentaire ! J'interdis à mes élèves ce genre d'aliments et je vous conseille d'en faire autant ! » J'étais scandalisée et bien disposée à le lui faire savoir lorsque j'ai croisé le regard suppliant de ma fille, souhaitant ne pas se faire remarquer et surtout participer à ce fameux gala. J'ai ravalé mon amour-propre et ma colère, puis j'ai répondu : « Bien, madame. » Ma fille se souvient encore de mon long monologue explosif et rageur pendant tout le trajet de notre retour en voiture !

Malheureusement, cette attitude dominatrice « régimentante » qui consiste à trier, peser, compter, restreindre, résister, renoncer éloigne aussi l'acte alimentaire de sa spontanéité. L'humain, et plus spécifiquement les femmes, perdent l'instinct qui autrefois les guidait dans le choix de leurs aliments. Il faut à présent faire appel à la raison pour parvenir à une « expression minimale à la signification conceptuelle et intellectuelle »... définition de la Nouvelle Cuisine par Gault et Millau ! Et pourtant, cette pulsion archaïque, cette écoute de notre corps « appétant », permet de sentir la montée du... désir, puis de le laisser s'installer, plus ou moins, grâce à ce temps suspendu entre la faim et l'arrivée d'un plat. Lilith, la première épouse d'Adam, s'éprouvait mourant de soif auprès d'un puits, mais il n'est sans doute pas nécessaire d'aller jusque-là ! Elle repérait de cette façon cette progression du désir, désir qui scande notre position de sujet. À nouveau, les progrès de l'industrie agroalimentaire permettent aux femmes de réduire cette subjectivité en réduisant ce temps d'attente grâce (?) aux plats tout préparés, aux légumes pré-épluchés, aux purées instantanées, aux cafés solubles... Et l'électroménager n'est pas en reste avec ses robots, congélateurs, micro-ondes... Et les selfs, cafétérias, fast-food qui en rajoutent dans la promptitude, tout comme les *speed-dating* évoqués dans le nouvel « art » des rencontres amoureuses ! Héphaïstos, maître du feu, est fils de Kronos, maître du temps. Mijoter des mets est un art qui implique un délai, délai favorable à la saveur du plat et également à la montée du désir. Montée du désir qui, de toute façon, est considérablement freinée lorsque nous nous décidons à faire à manger chez nous puisque alors nous prenons soin d'utiliser des produits allégés : allégés de leur part démoniaque, le plaisir ? Et la boucle de notre ceinture est bouclée... serrée !

C'est certainement l'anorexique qui incarne mieux que quiconque cette rupture entre le microcosme et le macrocosme, cette perte de contact entre les humains et la nature. C'est le passage de la « faim » du sujet à la « fin » du sujet, le refus du désir transformant l'humain, sensuellement en appétence, en objet austère à remplir.

Anorexie : un féminisme ambivalent ?

Par leurs comportements alimentaires, les anorexiques, presque toujours des filles, semblent simplement « grossir » les attitudes de leurs contemporains en les portant à leur paroxysme et en y adjoignant une connotation mortifère : refus du plaisir de manger, volonté de repas furtifs pris seule, régimes, méfiance addictive envers les aliments, le tout dans un climat lourd où la mort rôde inlassablement. Les statistiques indiquent quand même un nombre impressionnant de décès parmi ces jeunes adolescentes[1] ! Cependant, contrairement aux femmes moder-

1. 15,6 % de décès d'anorexiques, d'après le docteur Stéphan Zipfel, médecin-chef de l'université de Heidelberg, qui

nes, elles ont, elles, capté et intériorisé toute la part symbolique de la nourriture. Se nourrir est, pour ces jeunes filles, étroitement lié au lien maternel, au sacré, au social, au désir.

Christelle, quatorze ans, trente-sept kilos pour un mètre soixante, incarne (désincarne ?) parfaitement cette terrible problématique. Lors de son premier entretien psychanalytique elle effleure à peine son fauteuil, et je ne peux détacher mes yeux de ce corps cachectique qu'elle donne à voir sans pudeur avec son short très court et son tout petit tee-shirt moulant.

Elle me décrit sa relation à la nourriture. Une anorexie certes, mais avec des épisodes boulimiques compulsionnels. Là, soudain, elle avale tout ce qui lui tombe sous la main et, comme pour beaucoup d'anorexiques, ce sont le plus souvent des aliments fabriqués à partir du mélange farine-huile-sucre, trois denrées mythiques en cas de famine. Cette peur de manquer n'est plus justifiée en France et pourrait s'associer à une vaine tentative de combler par la quantité le défaut de qualité des mets tout autant que le défaut de relation nourricière très intense. Puis, elle relate par le menu ses pratiques drastiques de vomissements. En somme, une attitude ambivalente de rejet et de dévoration, qu'elle relie très vite à la fonction maternelle. Mère dont elle parle très souvent et surtout en mesurant toute l'ambiguïté de leur

---

étudie l'anorexie depuis plus de vingt ans, chiffres annoncés en mai 2000.

relation : « Lorsqu'elle est là elle m'énerve, mais lorsqu'elle s'absente elle me manque. »

Elle raconte aussi qu'elle se perçoit comme un « corps tuyau » et qu'elle refuse de garder ce qui viendrait de sa mère pour le remplir : « C'est pour ça que je veux gagner de l'argent de poche et m'acheter moi-même ma nourriture, comme ça je me suffis à moi-même. » Elle dénie donc à quiconque, et plus particulièrement à sa mère, la possibilité d'être pour quoi que ce soit dans l'élaboration de sa propre « substance », de son intimité.

Christelle m'explique également, avec une fierté affichée, combien, sourde à ses pulsions internes, elle est capable d'imposer à son estomac bâillonné toute la puissance de sa volonté. Pour elle comme pour ses contemporains, comme pour sa mère toujours entre deux régimes, la consommation instinctive est devenue volontariste.

Ensuite, elle m'exprime son souhait de ressembler aux mannequins dont elle vénère le « look génial » (*sic*). Mais très vite, dès la troisième séance, cette raison tombe lorsqu'elle révèle combien elle apprécie son nouveau corps, idéalisé car viril et non séduisant : « Je ressemble à un garçon, comme ça ma mère qui voulait un fils doit être contente, les mecs me laissent tranquille et mes copines sont jalouses de ma minceur et de mon courage à ne rien manger ! » En effet, les anorexiques, avec leur corps aux appas volontairement gommés, participent de cet évitement des passions incarnées et de leurs éventuelles conséquences, les enfants. Enfin, Christelle décrit le manque d'attrait d'un couple parental dissymétrique avec un père soumis : « Mon père, c'est comme mon frère », et une mère dominante : « Ma mère m'a toujours dit que les mecs étaient cons, alors y a rien à espérer de ce côté. De toute façon, les bébés c'est chiant et ça empêche d'avoir un beau métier. »

Dans *Les Fleurs du mal*, Baudelaire fait lui aussi ce lien entre l'anorexie et le désir :

Je laisse à Gavarni, poète des chloroses,
Son troupeau gazouillant de beautés d'hôpital,
Car je ne puis trouver parmi ces pâles roses
Une fleur qui ressemble à mon rouge idéal[1].

Il rejette ces « beautés d'hôpital », ces « chloroses » (nom donné à son époque aux anémies excessives), si éloignées de son désir, symbolisé par le « rouge idéal ».

Christelle, tout comme les autres jeunes patientes anorexiques que j'ai reçues dans mon cabinet, décline donc un corps maigre aux appas effacés, un refus d'enfanter et une puissance totale de contrôle sur la nourriture. Cela correspond tout à fait au syndrome anorexique, défini médicalement par « la triade symptomatique dite des trois A : amaigrissement (rondeurs estompées), aménorrhée (arrêt des règles), anorexie (contrôle total de la nourriture) ».

1. Charles BAUDELAIRE, « L'Idéal », XVIII, in *Les Fleurs du mal.*

Mais ce drame anorexique ne coïncide-t-il pas, à un degré supérieur, avec la problématique féminine actuelle, problématique concernant le désir, les enfants et le pouvoir ? Les anorexiques ne tentent-elles pas ainsi, à la lettre, à l'excès et à leur insu, d'actualiser le procès de leur mère ? Procès contre les hommes qui avaient tous les droits et qui avaient confiné les femmes dans un univers matériel de devoirs, de fonctions, de sacrifices, d'obligations, où la dimension du désir était radicalement exclue, où la maternité était valorisée et où l'accès au pouvoir était barré. Juste procès revendiquant une digne place des femmes dans le couple, dans la famille et dans la société. Procès qui a éclaté en mai 68... et qui voit surgir, à la génération suivante, première génération d'adolescentes, filles de ces mères soixante-huitardes, une flambée de l'épidémie anorexique, amorcée dans les années 60. Pourtant, ces féministes méritent notre reconnaissance pour avoir eu l'audace de se révolter avec courage et ténacité afin d'offrir à toutes les femmes un bien inestimable, leur liberté. Mais, comme dans toute révolution, pour obtenir beaucoup il faut exiger outrageusement. Alors, puisque c'est la puissance des hommes qui était en cause, c'est elle qu'il fallait abattre. Les invitations extrêmes à l'exclusion des mâles et à leur castration symbolique étaient clairement énoncées ; quelques slogans de l'époque, déjà cités, l'attestent. Ce combat, d'une légitimité pleine et entière, a dérapé peu à peu pour quelques-unes vers un féminisme refusant notre part féminine ouverte à l'accueil d'un homme, d'un enfant, de la nourriture. « Sous les pavés, la plage » s'est métamorphosé en « sous les pavés, le dérapage ».

Les filles de ces femmes les plus intrépides ont donc biberonné cette protestation sociale, intime et normale. Mais avec elle, elles ont également absorbé ce rejet de la « mâlitude », cette volonté de féminiser les hommes et de materniser les pères. Par ce symptôme anorexique, certaines jeunes filles, souvent très brillantes intellectuellement, font donc preuve d'une incroyable créativité mortifère, en répondant ainsi aux multiples injonctions paradoxales de leur mère : refuser le regard désirant des hommes et se rendre désirable, se plaindre de l'aliénation des mères et vouloir des enfants, réclamer le pouvoir social et ne pas oser le prendre. Comme la double contrainte immobilise, une succession de doubles contraintes ne peut que paralyser, totalement. Et puisqu'elles se sentent paralysées dans un corps animé (nouvelle double contrainte !), elles inventent alors un nouveau mode d'appétence, un mode reflétant ces multiples injonctions paradoxales, un appétit de... la mort.

La comparaison avec Antigone s'impose. Cette héroïne de Sophocle mourra, emmurée vivante, pour avoir voulu transgresser un ordre injuste : Créon, roi de Thèbes et oncle d'Antigone, refuse en effet une sépulture au frère de celle-ci, Polynice. Antigone est la fille de Jocaste. Mais Jocaste, sans le savoir, a épousé son propre fils, Œdipe. Antigone, enfant de l'inceste, est réellement fille et sœur de son père, tout comme Christelle l'était, elle, symboliquement. Et, symboliquement aussi, Antigone a un père soumis, tout comme elle, à Jocaste, reine toute-puissante et fascinante. Antigone désire, à mort, un digne tombeau pour son frère et non un cadavre laissé en pâture aux charognards. Les anorexiques revendiqueraient, trop souvent à mort également, un respect de la loi des hommes, loi trop vite jetée aux orties avec mépris, hommes trop souvent infantilisés dans un lien fraternel avec leurs enfants et filial avec leur épouse. Ces jeunes filles espéreraient un respect affiché des pères, porteurs de ces lois et seuls capables de faire barrage aux pulsions fusionnelles de certaines mères trop puissantes. Tout en étant tentées, tiraillées par quelques discours féministes excessifs, nombre d'anorexiques n'en finissent pas de tendre vers la mort en incarnant, par leur grève de la faim, ce malaise dans la civilisation. Cause unique, obsédante qu'elles veulent défendre corps et âme : rétablir la loi de l'ordre symbolique et de l'alliance. Combat qu'elles pourraient, comme Antigone, justifier plus prosaïquement ainsi : « Je suis faite pour partager l'amour, non la haine[1]. »

En 1997 est paru aux éditions Nil *L'Enfant plume*, livre dans lequel Janine Teisson, mère d'une jeune fille anorexique, témoignait ainsi : « Drôle de société [...]. Une société d'adultes qui détestent

1. SOPHOCLE, *Antigone*, in *Théâtre complet de Sophocle*, Paris, Flammarion, « GF », 1993, p. 81.

être adultes comme je détestais être femme. À quel genre de personne cela va-t-il donner naissance ? À des anorexiques de la vie. Des gens qui ne veulent prendre ni une ride, ni une responsabilité affective, ni un engagement trop lourd à digérer, ni surtout un enfant qui vous gonfle tellement la vie. »

Autre remarque surprenante concernant ce symptôme anorexique, jusqu'ici spécifiquement féminin. Ce trouble alimentaire est en train de gagner du terrain chez les garçons. Tout comme pour les filles, cette maladie se déclenche à la puberté, âge où se joue la question de l'identité sexuelle et, plus généralement, de l'identité tout court. Tout comme ces adolescentes, ces adolescents privilégient, parallèlement au contrôle de leur nourriture, une hyperactivité physique. Il semblerait que l'injonction de laisser parler leur part féminine leur fasse horreur. Seul un corps fin et très musclé, très loin donc des rondeurs traditionnellement féminines, leur permettrait de s'affirmer sur un mode viril. Mais le phénomène est encore trop récent pour que les conclusions soient avérées.

Cependant, qu'on soit fille ou garçon, lorsqu'un cri n'est pas entendu ou ne peut être poussé faute d'accession au symbolique, c'est le corps qui dit ce *logos*, verbe incarné. Or l'accès au symbolique est étroitement lié à la fonction paternelle. Antigone offre son corps pour réclamer justice car son père et la loi première, celle de la prohibition de l'inceste, ont été malmenés. Les anorexiques, tout comme Antigone et Christelle, ont choisi leur corps pour exprimer leur mal-être (mâle-être ?). Aujourd'hui, les corps des adolescents, et de plus en plus souvent des femmes, deviennent également leur messager involontaire.

Maternisation des pères : corps criant

L'effacement des pères entraîne donc un effacement du symbolique. Effectivement, c'est l'apparition du père dans l'espace psychique du jeune enfant, jusqu'ici en fusion avec sa mère, qui permet l'émergence d'un Autre puis la possibilité de nommer cet Autre lorsqu'il n'est plus là. Cette capacité à se souvenir d'une personne ou d'un objet pendant son absence engendre l'accession au langage, un signe pour un mot, ce qui est la définition du symbole. Beaucoup d'adolescents, en mal de père autorisé à réellement jouer son rôle, n'ont alors d'autre choix que d'inscrire dans leur corps leur souffrance incommunicable. Le recours à l'acte en lieu et place des mots est une coutume de plus en plus courante chez de nombreux jeunes en difficulté, avec le piercing et le tatouage. Ces pratiques sont aussi très souvent un art nouveau de la parure pour bien d'autres, jeunes ou moins jeunes, plutôt eux « bien dans leur peau »... tatouée ! Il faut reconnaître qu'un petit papillon dessiné au creux des reins ou sur une cheville est assez coquin et gracieux. Cependant, pour d'autres, « mal dans leur peau », ces procédés nous incitent à réfléchir sur cette étrange résurgence de rites initiatiques ancestraux.

Dans les sociétés primitives, ces inscriptions sur la peau avaient pour fonction, surtout chez les hommes, l'initiation et l'accession à la vie d'adulte. Les tatouages, particulièrement, ont une étymologie tahitienne explicite : *tatau* – signifiant « dessin » et « esprit » – était une pratique magique qui permettait la descente des esprits dans les corps, étape initiatique pour accéder à son identité. Aujourd'hui, en Occident, ces pratiques ne constituent, pour certains adolescents en souffrance, qu'une forme dégradée de ces rites tribaux, car les codes symboliques qui s'y rattachent habituellement ne sont pas fixés ici. Et même si la question de l'esprit et du corps est toujours au cœur de ces comportements, il s'agirait plutôt de s'interroger sur la consistance de cet esprit, de cette âme, de cette psyché. Comment s'identifier, se différencier, appartenir à un groupe, transgresser les codes sociaux établis ? Quelles que soient les raisons de ces jeunes en détresse, tatouage et piercing destinés à combattre l'anonymat sont des empreintes visant à rassurer sur l'identité et l'affiliation. En raison de la dissolution des symboles, dissous donc avec la fonction paternelle, ces actes apparaissent comme un système de défense. Défense contre une situation anxiogène, en donnant à voir ce qui ne peut s'exprimer oralement : qui suis-je ? En effet, cette volonté féminine d'effacement des différences hommes/femmes et pères/mères induit, pour ces adolescents égarés, une perte de repères concernant leur sexe et la succession des générations qui sont, comme je l'ai déjà mentionné, l'abscisse et l'ordonnée de l'identité d'un humain, deux données primordiales en mathématiques pour définir formellement la localisation d'un point.

Par ailleurs, contrairement aux rites tribaux, piercing et tatouage sont des pratiques individuelles, exprimant souvent une complainte narcissique. Mais certains conservent pourtant cet esprit clanique lors des raves-parties où les plus extrémistes s'organisent en groupes, nommés de façon explicite « tribus », avec des rituels, des codes, des marquages corporels.

Faute d'accession au symbolique, les corps des femmes s'essaient également à exprimer par des « maux » ce que leurs « mots » ne savent plus dire. La « mascarade » déjà évoquée est portée à son paroxysme puisqu'elle touche aujourd'hui le corps entier qui se doit d'être beau, ferme, mince et jeune. Ce culte corporel est sans précédent dans toute l'histoire de l'humanité ! Est-ce à nouveau cette féminisation des hommes et cette maternisation des pères qui engendrent ces générations de femmes si narcissiques ? Qui est Narcisse ? C'est un jeune homme de légende qui, en se désaltérant à une source un jour de grande chaleur, se trouva si beau qu'il devint sur-le-champ amoureux de lui-même. Amour fatidique dont il mourra. Notons au passage que l'eau-miroir dans laquelle il s'admire est la nymphe Liriopé... sa mère ! Entre cette légende, amour de soi, et celle d'Œdipe, amour du parent de sexe opposé, il y a tout l'espace du désir. La victoire du narcissisme est un effet certain mais fatal de la disparition de l'Autre. En l'absence de ce tiers, le père, dans la dyade confusionnelle mère/bébé, la fillette s'installe dans un narcissisme primaire, c'est-à-dire un amour autoérotique – amour de soi – et non dirigé vers une autre personne que soi-même – amour « objectal ». Cette enfant, devenue une femme adulte, poursuit sa quête de perfection dans un cercle vicieux sans fin. La mascarade cherche à séduire les hommes mais, comme dans le narcissisme, le verbe séduire perd son complément d'objet, « les hommes », les femmes séduisent... pour séduire. Le moyen, séduire, est devenu un but. « Séduire » rejoint ainsi la première étymologie redondante de *se ducere. Ducere*, « attirer à soi », et *se*, « soi-même » ! Beaucoup de femmes, donc, succombent à cette fascination de leur corps, presque seul « Autre de soi ». En l'absence de relation objectale apprise, en présence de la fusion maternelle, mère du « même que soi », la féminité s'enferme en miroir sur elle-même. Et cette autoséduction nous convient d'autant plus qu'elle alimente deux de nos maux, notre goût pour la frustration et notre volonté de réparation. En effet, comme cet idéal de minceur et de beauté est impossible à atteindre, notre frustration est autoalimentée en permanence. D'autre part, comme nous souhaitons être parfaites, nos corps doivent être parfaits à nos propres yeux. Pour réparer notre sentiment d'impuissance ? Pour progresser dans notre confiance en nous ?

Lorsque parfois nous sollicitons l'avis de nos compagnons sur nos supposés défauts physiques, nous avons là aussi d'énormes difficultés à accepter que nos références internes féminines soient totalement différentes et même opposées aux leurs. Sollicitations que les hommes fuient comme la peste car elles sont d'extraordinaires doubles contraintes. Si notre compagnon reconnaît nos défauts nous lui en voulons, s'il les nie nous lui en voulons aussi, car il ne peut que mentir ! Si par hasard, cependant, un homme a le courage de jouer le jeu et peut objectivement reconnaître : « C'est vrai, chérie, que tu as de la cellulite », nous sombrons alors dans le désespoir le plus profond, désespoir qui nous empêche d'entendre et plus encore de comprendre la suite, subjective cette fois, de ses remarques : « Mais j'aime ton corps tel qu'il est car il m'émeut. » Cette émotion visuelle nous dépasse et tous les prétextes sont bons pour la réfuter. Un homme d'âge avancé ne se laisse-t-il pas tenter par une jolie petite jeune bien faite ? Oui, certainement. En l'absence d'une femme mûre qui le trouble, autant passer du bon temps avec une créature juvénile, visuellement charmante et que ses copains jalouseront... mais sûrement moins qu'un véritable amour adulte. De leur côté, les hommes pourraient eux être stupéfaits de nous voir vibrer en entendant une voix masculine qu'ils trouveraient quelconque, et nos copines aussi d'ailleurs. Incompréhensions donc réciproques des hommes et des femmes tant ces émotions auditives et également visuelles font appel à des fibres souterraines inconnues de nous.

Par ailleurs, ce corps se doit de dire ce qui nous semble impossible à exprimer, à affronter et en conséquence à résoudre : nos problématiques concernant la maternité, le désir, le pouvoir, traduites par la chasse à la cellulite, à la vieillesse, aux rondeurs. Refus drastique de la cellulite, symbole essentiellement maternel. Refus draconien de la vieillesse, volonté de se conserver jeunes et belles, pour nous-mêmes, suspendues à notre miroir, loin des tourments du désir. Refus de nos rondeurs, symbole de notre manque de puissance. Or, tous ces refus pour nous réparer nous-mêmes sont voués à l'échec. Chercher à valoriser notre image externe ne comblera pas notre déficit d'image interne ! Malheureusement, cette action visant à régler un faux problème aboutit à de fausses solutions et fait de lourds dégâts ! La chirurgie esthétique nous accompagne, voire nous précède, dans ces dérapages. Si une légère liposuccion, le remodelage d'un nez disgracieux et quelques peelings peuvent se comprendre, les liftings excessifs et les seins outrageusement siliconés interrogent, comme tous les excès, sur les vraies raisons indicibles.

Les seins exagérément remodelés sont particulièrement explicites dans leur dimension phallique. Les raisons de séduction invoquées sont d'ailleurs fallacieuses puisque les hommes s'en amusent plus qu'ils ne les apprécient. C'est une vérité forcément incontournable puisqu'elle provient de la bouche même de l'homme le plus homme qui soit (et ainsi soit-il !), c'est-à-dire George Clooney. Répondant à un journaliste qui voulait son avis sur les seins refaits, ce sublime acteur (un euphémisme pour lui) déclara : « Lorsque ce genre de femme est allongée sur le dos, c'est bien pratique pour garer son vélo. » *No comment !* Une directrice du célèbre Crazy Horse affirmait pour sa part : « Toutes nos filles ont des seins naturels, on est sûr ainsi d'émouvoir les hommes. » Si l'objectif n'est donc pas d'émouvoir les hommes, est-ce qu'il serait de rivaliser avec eux par la possession d'un objet phallique (voire deux !) ? Sans la chirurgie esthétique, est-ce que ces femmes choisiraient la solution des Amazones, guerrières mythiques grecques ? Se couper un sein afin de pouvoir tirer à l'arc sur leurs ennemis déclarés, les hommes ? Est-ce que l'automutilation n'est pas similaire ?

Finalement, n'est-ce pas encore cette aspiration à être égales aux hommes qui dérive vers une volonté d'être semblables avec un corps mixte, femme et homme en même temps ? Au risque de nous perdre ! Au risque de fâcher les dieux, et Zeus en particulier ! En effet, cette aspiration à l'androgynie est récurrente. À une époque mythique, l'être humain était sphérique, créature mâle et femelle avec deux têtes, quatre pieds, quatre mains, etc. Mais Zeus a pris ombrage de ces sphères toutes-puissantes et les a coupées en deux. L'homme et la femme ont ainsi été créés divisés et affaiblis, chacun cherchant sa nostalgique moitié. La notion d'alter ego inscrit ici le désir dans un fantasme fusionnel et une quête perpétuelle. Fantasme que la réalité dément. Les escargots eux-mêmes, pourtant hermaphrodites, ont besoin de l'Autre pour procréer ! La face négative de ce mythe démontre que l'appropriation d'un double pouvoir vire à l'impuissance. L'union fusionnelle conduit à la stérilité. La symbiose mère/enfant évite le désir sexuel, empêche l'accession au sujet (créature séparée qui manque, donc qui désire) et maintient une position d'individu (*individuus*, « inséparable » !). Ce souhait unisexe (habits, attitudes, discours) est promu aujourd'hui en victoire. Victoire surtout des femmes qui peuvent, elles, contrairement aux hommes, porter les attributs des deux sexes (et ainsi conforter leur souhait de similitude ?) : jupes ET pantalon, tailleur-chemisier ET costume-cravate. Souhait unisexe, donc, qui serait la conséquence d'une volonté de s'affranchir de ce désir, de cette sexualité qu'un univers maternant exclut chez ses enfants. Pour en finir avec le sexe, le neutre est donc une solution tentée. Une autre est plus violente, c'est le dévoilement cru et nu de cette sexualité – photos, films, révélations, livres porno surtout féminins... depuis peu –, jusqu'à s'en écœurer ?

Nos comportements envers nos corps de femme ont des conséquences pour nous-mêmes, bien sûr, mais pour notre entourage également. En ce qui nous concerne, notre corps, épié par nos regards intransigeants et livré de plus en plus dénudé au public, devient son propre corset. Corset bien plus contraignant que ceux de nos grands-mères ! Et nos idéaux de minceur, jeunesse et fermeté limitent notre liberté féminine tout comme les bandages enserraient les pieds des Chinoises. Pour notre entourage masculin, il semblerait que certains aient pris l'injonction féminisante au pied de la lettre. Une nouvelle race d'êtres vient en effet d'apparaître, les métrosexuels. Ces hommes nouveaux se pèsent régulièrement, s'épilent, se font masser, gommer, manucurer. Ils s'achètent des crèmes antirides, des bijoux, des chemises *liberty* (à petites fleurs), des sticks anticernes et des dessous chics (string en dentelle, par exemple...). Effet de mode ou mutation sociologique d'envergure ? Quoi qu'il en soit, dans cette évolution, notre exploit féminin est de taille : nous partageons à présent notre problématique de la mascarade avec... les hommes ; malheureusement, celle-ci n'en a pas pour autant disparu de nos propres préoccupations.

Ces femmes et ces adolescents en souffrance, comme on dirait d'un colis non réclamé, semblent donc avoir subi les contrecoups de cette diminution de la fonction paternelle. Glissement dans l'éducation familiale qui opère tout autant au sein de l'Éducation nationale.

Une Éducation nationale maternante

Le premier lieu de socialisation de l'enfant est l'école. Et de ce lieu jusqu'à l'université, tout est fait aujourd'hui pour poursuivre une protection maternante rapprochée afin d'éviter aux élèves les contrariétés et les efforts ; tout concourt à prolonger l'utérus individuel maternel par un utérus social virtuel.

Si, il y a cinquante ans, le genre majoritaire au sein de l'Éducation nationale était déjà féminin, cela n'a pourtant pas empêché bon nombre d'anciennes institutrices d'avoir une conscience aiguë de leur mission directive, tant par la discipline exigée que par des contenus qu'elles voulaient exhaustifs. Dirait-on de nos jours qu'elles savaient laisser parler leur part masculine ? Actuellement, la population des enseignants est toujours majoritairement féminine [1], deux tiers de femmes pour un tiers d'hommes, mais tous doivent laisser parler leur part féminine en appliquant des consignes pédagogiques résolument maternantes. Il faut éviter les difficultés aux élèves, se mettre à leur portée, éliminer tous les apprentissages en apparence inutiles, gommer toutes les compétitions, ne pas sanctionner. « Éducation » (*ex-ducere*) est devenue « induction » (*in-ducere*), « conduire hors

1. 78,4 % de femmes parmi les enseignants du premier degré au 31 janvier 2002, d'après la note d'information du ministère de l'Éducation nationale (juillet 2003).

de » s'est muté en « gérer dedans ». Se concentrer sur ce « dedans » est effectivement un impératif pour les éducateurs, tant leur rôle est devenu hétéroclite. Leur fonction initiale enseignante, déjà complexe, s'est agrémentée d'une succession de missions de plus en plus impossibles. Il est toujours indispensable d'enseigner mais de plus, en l'absence de pères-loi à la maison et de société-loi à l'extérieur, il leur faut s'ériger en interface entre famille et nation en incarnant le seul et dernier rempart potentiel pour endiguer, chez nos chères têtes blondes, l'incivisme, l'irrespect, l'impolitesse, la tyrannie, l'égoïsme, le racisme, l'agressivité, la violence, l'inattention, la démotivation, la dépression, l'addiction.

L'évolution de l'apprentissage de la lecture est un exemple révélateur de cet envahissement négatif du maternage. C'est certainement aussi le point de départ le plus visible de cette dérive maternante qui s'est ensuite généralisée, le mot d'ordre étant de supprimer tout ce qui peut être trop rébarbatif dans les enseignements en général, et dans la lecture en particulier. Ce moyen d'optimisation des apprentissages, certes compréhensible et louable, a hélas glissé vers un objectif impérialiste qui défie aujourd'hui le bon sens.

Comment nos anciens ont-ils donc appris à lire ? À l'époque, les étapes, peu attrayantes, étaient simples. Lettres, syllabes, mots, phrases puis déchiffrage regroupaient la partie mécanique de la lecture. Ensuite, cette « lecture simple » devait céder la place à une « lecture raisonnée », la compréhension du texte étant le but logique de cet apprentissage. Puis, comprenant ce qu'il lisait, l'enfant était alors en mesure de franchir les deux étapes finales, la « lecture intelligente », prouvée par un ton adapté, et la « lecture expressive », ajoutant à l'intelligence le sentiment du lecteur.

Depuis les années 60-70, la progression de l'apprentissage se fait avec les mêmes étapes qu'auparavant, mais... en sens inverse, c'est-à-dire de la compréhension du texte aux caractères qui l'ont composé, donc de la « lecture intelligente » aux lettres. La volonté de démocratiser le savoir-lire, jointe à celle d'adopter une méthode moins laborieuse et plus proche de la vision globale de l'enfant, a abouti à ces méthodes globales puis semi-globales... avec les dégâts que nous savons. Car cette pédagogie s'avère en fin de compte trompeuse. Certes, elle appâte les enfants en insistant tout d'abord sur le sens de la chose lue ; mais cette pseudo-facilité synthétique se paye ensuite par un désintérêt des écoliers pour le travail d'analyse, obligatoire pour connaître les lettres isolées, mais qui leur semble alors d'une totale futilité. Le nombre d'élèves sachant lire couramment diminue avec une régularité déconcertante. Et cette classe de CP, aux enjeux si cruciaux et aux méthodes si incertaines, est fuie par tous les enseignants clairvoyants et, par conséquent, est souvent laissée aux débutants !

Deux anecdotes pour illustrer ces affirmations.

Mon fils venait de rentrer en CP. Étant en désaccord avec les nouvelles méthodes d'apprentissage, je lui avais appris à lire pendant les grandes vacances précédentes, avec mes outils d'orthophoniste, métier que j'exerçais encore à l'époque. Dès les premiers jours d'école, je me suis trouvée confrontée, avec un grand désarroi, à un refus total de Damien de faire usage de son savoir de lecteur. Tous les soirs nous nous installions tous les deux dans sa chambre, à son bureau, pour faire ses devoirs scolaires. À cet instant précis, sa petite sœur de deux ans et demi nous rejoignait, sans nous quitter des yeux et sans en perdre une miette. Et le combat commençait. Damien appliquait à la lettre les consignes de sa maîtresse et lisait donc par cœur les premières lignes de son manuel : « Perlotin, le petit lutin, vit dans la forêt. » Je lui expliquais, avec toute la patience du monde, que, puisqu'il savait lire, il était préférable de ne pas deviner. « Oui, mais la maîtresse a dit que... » Je le rassurais en cautionnant la méthode de la maîtresse qui était utile pour les nouveaux lecteurs, tandis que lui... « Oui, mais la maîtresse a dit que... » Je tentais alors des ruses de sioux en lui écrivant sur un papier presque les mêmes mots et dans un ordre différent : « Perlotin, le gamin petit, vivait dans la maison », et Damien, imperturbable, de « lire » : « Perlotin, le petit lutin, vit dans la forêt. » Je lui faisais remarquer calmement qu'il s'était trompé, que ce n'était pas ce que j'avais écrit, et que... Il répliquait inlassablement : « Oui, mais... » Je renonçai.

Et puis, un soir, à la fin de notre séance de « devinettes », le livre de Damien est tombé par terre. Avant qu'il ait eu le temps de réagir, Delphine, jusqu'ici confortablement lovée sur le lit, son « fouar » (un bout de foulard noué) dans une main et son pouce dans la bouche, a soudain tout lâché pour ramper le long du lit. Puis, avec la vitesse de l'éclair, elle s'est emparée de l'objet de tant de convoitise et de tension. Là, à la stupéfaction générale, elle a ouvert le manuel à la bonne page puis, avec un air sérieux et concentré, a énoncé : « Per-lotin, le pe-tit lu-tin vit dans la fo-rêt » ! Silence amusé et admiratif de ma part. Silence perdu de Damien, qui a fini par crier, en lui arrachant le livre des mains : « C'est moi qui sais lire, pas toi ! » Ma réplique l'a alors davantage sidéré : « Désolée, mon grand, mais Delphine sait encore mieux lire que toi, puisque, elle, elle lit avec le livre à l'envers ! » À partir de ce jour, Damien a réinvesti son savoir de lecteur. Et l'année suivante, lorsqu'il est entré en CE1, sa maîtresse m'a convoquée pour me demander pourquoi il était le seul de sa classe à lire couramment. La même question m'a été posée lorsque Delphine, ayant aussi appris à lire « à l'ancienne », est, elle-même, rentrée en CE1.

La deuxième anecdote s'est déroulée deux ou trois ans plus tard dans mon cabinet d'orthophonie. Je reçois, un jour de décembre, un petit garçon de cours préparatoire, accompagné de sa mère : « Jean ne sait toujours ni lire ni écrire alors que nous sommes en milieu d'année scolaire. La maîtresse parle déjà de redoublement. Son père et moi-même sommes atterrés en tant que parents, bien sûr, mais aussi en tant qu'universitaires reconnus et désireux de faire partager notre savoir à nos enfants. » Je reste seule avec Jean. C'est un enfant aux cheveux coupés très court, aux habits particulièrement soignés, pantalon et chemise bleus assortis, et au visage d'une gravité et d'une maturité en décalage avec les propos de la maman. Je lui demande alors tout simplement s'il a envie de lire. La réponse est instantanément positive, avec des larmes au bord des yeux. Ma deuxième question est tout aussi simple que la première : « Alors pourquoi tu n'y arrives pas ? » Sa réaction est à jamais gravée dans ma mémoire : « Au début, j'ai commencé à apprendre mais je me suis vite arrêté : je ne serai jamais assez intelligent pour connaître par cœur tous les mots de français, et moi je sais qu'il y en a beaucoup ; je ne sais pas lire mais je sais compter. Mes parents ont douze gros dictionnaires à la maison et papa m'a dit qu'il y avait dedans tous les mots ! Les autres enfants doivent être plus intelligents que moi. » Et les larmes jusque-là retenues ont coulé sans bruit. Je me suis autorisée à lui passer doucement la main sur sa tête en lui faisant une suggestion. « Je te propose qu'on essaye autrement. Puisque tu sais compter, montre-moi combien ça fait de doigts vingt-six ? C'est bien. Je vais donc t'apprendre les vingt-six lettres qui sont toutes les lettres françaises utilisées pour écrire tous les mots français. Ensuite, comme pour un puzzle, tu réuniras certaines lettres pour faire chaque mot que tu voudras. » Deux mois après, Jean savait déchiffrer et comprendre des petites phrases très simples, grâce à une méthode phonétique rapide et amusante qui, de surcroît, anticipe les confusions et inversions de phonèmes. Cette méthode prévient donc, en plus, les dyslexies-dysorthographies. Dans le cas de Jean, il s'agissait bien plus d'une dyspédagogie que d'une quelconque dyslexie ! Et par la suite, j'ai ainsi dû enseigner la lecture et l'écriture à bon nombre d'enfants, surtout à ceux ayant des troubles de langage juste avant l'entrée en CP. Il y a huit ans, j'ai rencontré à nouveau la mère de Jean, sur la place du village de La Farlède, dans le Var. Elle s'est précipitée vers moi pour me faire partager sa joie : Jean venait de réussir le concours d'entrée à HEC.

Les mères, tout comme les enseignants, se méprennent quelques fois sur la résistance et le bon sens des enfants. Ces derniers sont tout à fait capables d'efforts pour atteindre un but méritoire et alléchant. Dans beaucoup de leurs jeux, ils découvrent déjà qu'il faut de la patience et de l'énergie. Pour construire un château de Lego, pour monter une tour de cubes, pour jouer au Mikado, pour gagner à la bataille.

Et même pour réaliser un gâteau au yaourt, ils acceptent la durée de la préparation. Là, comme pour les lettres, les ingrédients (œufs, sucre, farine, beurre et yaourt), n'intéressent les enfants que parce qu'ils participent à la fabrication et à la montée du désir ! S'ils avaient commencé par manger le gâteau, je doute fort qu'ils aient pu ensuite avoir une quelconque curiosité envers ses composants, triviaux lorsqu'ils ne concourent pas à cette savoureuse interaction.

Ainsi, les élèves maternés voient l'élimination successive de tout ce qui pourrait les incommoder : récitations, dictées, passé simple, poésies, compositions, interrogations écrites, classement, notes. Réapparaît même, de façon itérative, un souhait de modernisation du français ; ce serait un français phonétique qui éviterait aux pauvres écoliers nombre de fautes d'orthographe. En effet, pourquoi écrire « temps », t-e-m-p-s alors qu'il serait plus simple de le calligraphier « tan », t-a-n ? Et voilà comment on projette de gommer l'étymologie (temps dérivant de *tempus*), mémoire des mots mais également histoire de notre langue. Et voilà comment, là encore, il serait question de nier le monde de Kronos, monde du temps et donc monde des... hommes.

Comment cette dérive maternante s'est-elle installée ? Elle a tout simplement été établie très officiellement. Au milieu du XXe siècle, le ministère de l'Instruction publique est devenu le ministère de l'Éducation nationale. Au projet paternel d'instruire (*instruere* signifiant « armer pour la bataille, équiper, outiller ») s'est substitué le projet maternel d'éduquer (*educare* ayant comme sens premier... « nourrir » !). L'instruction, qui fait appel à l'intelligence, aux capacités rationnelles, est supplantée par l'éducation, avec sa dimension affective, tournée vers l'épanouissement de l'enfant. Enfant qui, comme à la maison, est propulsé au centre du système. Centre qu'il occupe à l'école en lieu et place du savoir, avec, pour les enseignants, deux objectifs princeps officiels : lui apprendre à apprendre et le socialiser.

Apprendre à apprendre, c'est la définition même de la pédagogie, science nouvelle, moyen respectueux pour accompagner l'écolier vers plus de savoirs. Mais ce moyen s'est transformé en but et la pédagogie s'est de la sorte mutée en pédagogisme. Le tout assorti d'une féminisation du vocabulaire : le savoir devient dévouement, le cognitif, affectif, le professeur, animateur, et la vérité, sens. Le savoir s'est ainsi d'autant plus dévalorisé que ce pédagogisme veut se soutenir de la noblesse du socratisme, procédé maïeutique qui prône une attitude de sage... femme. Oui, mais comment faire accoucher l'élève de lui-même, alors qu'il ne sait encore rien ?

Le deuxième objectif de l'Éducation nationale, lieu social par essence, est donc de s'activer à cette socialisation des enfants. Il semble, en premier lieu, qu'elle se substitue de ce fait au rôle des parents et que la sphère du public, telle une mère trop aimante, vient empiéter sur la sphère privée. Mais si nous admettons ce dessein, socialiser l'enfant, il faut alors imposer des règles pour gérer cette vie en groupe. Or, l'école/maman refuse les lois/père qui traumatisent les petits. Officiellement en effet, les sanctions sont interdites. Ainsi, le maître, ayant perdu tout droit à l'autorité (principe de réalité), se trouve dans l'obligation de se travestir en mère qui tente d'accompagner ses enfants en douceur (principe de plaisir) en s'adaptant à eux. Ce qui, bien sûr, est le contraire du but recherché, car socialiser, c'est favoriser l'accès à l'autonomie, c'est-à-dire obéir à sa propre loi, qui ne peut s'acquérir qu'après avoir éprouvé l'hétéronomie, c'est-à-dire obéir à la loi de l'Autre... incarnée par le père.

Cependant, cet enseignement maternisé ne freinera plus l'élève devenu adulte à son entrée dans la vie active, puisque même les entreprises poursuivent maintenant cet objectif protecteur.

Entreprise maternante et management féminin

Le monde de l'entreprise est un monde essentiellement masculin et, hélas pour les femmes, masculin surtout aux postes les plus élevés dans la hiérarchie. Monde masculin qui commence lui aussi à subir les contrecoups du « fémininement correct ».

Il y a pourtant du bon dans ces valeurs typiquement « féminines » qui visent à se recentrer sur les humains, c'est-à-dire à prendre en compte les émotions, les intuitions, les motivations profondes, le souhait d'être heureux au travail chez tous les acteurs de l'entreprise. Et non plus uniquement se focaliser sur l'économie, les finances, les résultats, l'acharnement au travail, la concurrence. Ce changement de valeurs accompagne une ère nouvelle. Après la chasse-cueillette, puis l'agriculture-élevage suivie de l'industrie-commerce, la création-communication structure notre époque postindustrielle. Dans ce contexte, les entreprises qui n'avaient jusqu'alors qu'une seule certitude, l'incertitude, entrevoient une autre évidence. Aujourd'hui, pour gagner, l'individu doit redevenir central. Les entrepreneurs envisagent donc de se mettre aussi au service des hommes, de leurs compétences, de leurs interrelations. Avec plus d'écoute, plus d'attention, plus de précautions, plus de communication... bref, avec plus de valeurs positives, des valeurs féminines ? À propos de communication, il est possible de remarquer également combien celle-ci s'est féminisée : se généralisent effectivement, sur le lieu de travail, le tutoiement et l'appellation par le prénom, prénom employé uniquement pour les femmes, les enfants et le clergé il y a une vingtaine d'années.

Communication qui dérive malheureusement quelquefois vers l'injonction totalitaire chère aux femmes : « Il faut communiquer ! » colporte la rumeur de fond de tous les propos « radio-moquette ». Il est vrai que, « avant », seule l'information – « mettre une forme dedans » (*in*) – avait droit de cité devant des collaborateurs muselés. Aujourd'hui, les bâillons sont défaits et la communication – « avec » (*cum*) – est favorisée. Et on en revient aux excès des logiques exclusives. *Exit* l'information, place à la communication obligatoire ! En fait, la richesse consiste à garder communication ET information : communiquer lorsque les échanges sont nécessaires et informer quand il s'agit simplement d'énoncer des nouvelles, de renseigner. Bien faire la distinction entre ces deux modes de langage permet de gagner du temps en réunions et d'éviter les conflits qui surviennent en communiquant sur des décisions déjà prises ou en informant sur des problèmes qui exigent une contribution active des protagonistes.

Forts de ces éclairages plus humains au sein des entreprises, les modes de management tendent donc à évoluer. Ils étaient, il y a une vingtaine d'années, souvent proches du paternalisme. C'était alors un management « solaire », avec un chef central qui dardait ses ordres, tels des rayons, vers chacun de ses collaborateurs, séparément. Attitude qui se devait d'évoluer. Or à présent, le paternalisme doit céder la place au maternalisme. Il existe même des séminaires pour former les managers au « management féminin », nouveau concept très en vogue qui concerne aussi bien les femmes que... les hommes.

Pourtant, au cours de mes séminaires en management, les analyses de cas d'échecs révèlent que le plus gros des problèmes touche à cette obligation tacite d'être fémininement correct. Les managers hésitent en effet souvent à imposer, décider, ordonner, refuser, sanctionner ; bref, à être directifs, même lorsque c'est nécessaire. Le vocabulaire s'est d'ailleurs féminisé pour être plus doux, moins choquant, moins traumatisant ; voire plus infantilisant ? Trois exemples seulement. Il n'est plus question aujourd'hui d'indiquer à un subordonné ses « faiblesses », mais ses « axes de progrès » (il n'est d'ailleurs plus question de « subordonné », c'est dégradant, mais de « collaborateur » ; j'avais voulu éviter la répétition du mot « collaborateur », cité précédemment, et je suis, malgré moi, tombée dans le piège de l'incorrect !). De même, il n'est plus possible pour un patron de « décider », mais d'« arbitrer ». Arbitrer, du latin *arbitror*, c'est être le témoin du jeu, position certes plus maternelle que celle de décider, qui a, quant à lui, la même étymologie que ciseaux ! Ciseaux du patron/père pour couper le cordon symbolique entre le salarié/enfant et son angoisse à affronter la perte inhérente à tout choix ? Enfin, un chef de projet n'est plus « responsable » de la mission mais « pilote », il ne « répond » donc plus « devant la loi », comme le voudrait *respondere*, mais il « tient le gouvernail », étymologie grecque de « pilote ».

Donc *exit* les managers paternalistes. Après avoir été « solaires », les managers doivent-ils maintenant être « lunaires » ? Mais pourquoi faire des choix excluant un des termes ? Pourquoi mettre un OU et non un ET entre la fermeté et la confiance ? Pourquoi encore une fois être dans une logique appauvrissante et binaire disjonctive (ou), et ne pas adopter une logique systémique, circulaire, créative et conjonctive (et) ? Diriger lorsque cela est nécessaire ET déléguer lorsque cela est possible ? Et non suivre cette conviction actuelle fortement ancrée : « Un bon manager doit déléguer ! » Cette croyance, comme souvent en la matière, s'est immiscée peu à peu dans la panoplie du parfait manager. Pourtant, celui-ci ne connaît ni les fondements historiques, ni les bases théoriques, ni même les détails pratiques conditionnant cette injonction secrète, très « tendance » encore une fois. Alors, avec naturel ou avec courage, chacun s'évertue donc à « déléguer » comme il se l'imagine. C'est-à-dire, la plupart du temps, à remettre à un collaborateur un travail, une tâche ou une mission, en tentant de lui faire confiance d'emblée, en évitant de lui poser trop de questions pour ne pas le gêner, et quelquefois en croisant les doigts pour que ça marche ! En somme, comme je le dénonçais dans le chapitre consacré à la famille, c'est l'attitude fréquente de la maman qui certifie à son garçon, sans le vérifier, que « bien sûr, il est tout à fait capable de monter seul en courant, tout nu et plusieurs fois de suite, tout en haut de l'Himalaya, sans oxygène et sans sherpa ». Le résultat est, chez l'enfant, un sentiment d'imposture et, chez le collaborateur, une grande fierté s'il se sait compétent, mais une forte inquiétude s'il a quelques doutes sur lui-même. Pour ce dernier aussi, le sentiment d'imposture n'est pas loin. Et l'effet pour l'entreprise est contre-productif.

Alors que je menais des entretiens individuels en vue d'un *team building* avec l'équipe dirigeante d'une petite entreprise de service, j'ai pu découvrir un problème de délégation et entendre séparément les deux protagonistes. De son côté, André, le dirigeant, mettait un point d'honneur à remettre à Gérard, son nouveau directeur commercial, toutes ses missions avec un sourire affecté, un air entendu et une désinvolture constante. Le tout accompagné de phrases du genre : « Gérard, je vous laisse l'entière liberté de gérer ce dossier à votre guise, vous savez que vous avez toute ma confiance ! » Pourtant, André, ce directeur général, me confiait combien il émettait des doutes sur les capacités de Gérard : « Il est dévoué, fier et plein de bonne volonté mais je le trouve trop mou, pas assez dynamique ni suffisamment rapide. Les dossiers sont bien traités, mais j'aimerais plus de rigueur, plus d'exigence, qu'il s'autorise à aller au-delà du minimum. Pourtant je fais tout pour lui manifester ma confiance et je lui laisse une totale autonomie afin de l'encourager dans la bonne direction ! » Je le questionnai alors : « Est-ce que Gérard sait précisément ce que vous venez de me dire ? » La réponse embarrassée fusa : « Vous n'y pensez pas, Gérard est très susceptible, il le prendrait très mal et dans ma boîte je privilégie la délégation, je dois donc donner l'exemple. » Et voilà, le mot fatidique « délégation » était prononcé ! Mais, de son côté, qu'en pensait Gérard ? Lors de son entretien préparatoire à ce séminaire de cohésion d'équipe, je l'interrogeai sur son manager et, rassuré sur ma confidentialité, il m'avoua : « J'avais l'habitude dans mon ancienne boîte de travailler en étroite collaboration avec mon patron. C'était un chef qui aimait tout voir, tout savoir et à qui je rendais des comptes tout le temps.

Ça me plaisait bien car j'ai besoin d'être cadré en permanence. C'est pas que je doute de moi, mais je suis pas un créatif, je suis un peu lent et laborieux quelquefois. Mais lorsque je suis tiré par quelqu'un, je me surprends à être plus rapide et plus dynamique. Ce qui fait qu'avec André, je n'ose pas lui dire que je voudrais être plus suivi dans mon travail, il va croire que je ne suis pas compétent ! » Cette anecdote situe bien un fréquent malentendu, chacun s'évertuant à appliquer ou à accepter un mode de management qui ne convient ni à l'un ni à l'autre, et encore moins à l'entreprise.

En fait, la délégation ne se décrète pas, elle se choisit au milieu de plusieurs modes de management : participatif, persuasif, directif. Il suffit de réfléchir avec son collaborateur sur ses compétences pour la tâche, pour la méthode, pour le timing. Puis de valider ensemble sa motivation pour prendre en charge la mission. À partir de là, chacun va pouvoir définir, en commun accord, le contenu, la durée et l'intensité du mode managérial. La délégation est un de ces nombreux modes possibles. Elle nécessite d'être précisément sûr des compétences totales de son collaborateur et de sa motivation absolue, pour le travail, bien sûr, mais également pour l'autonomie. Et même dans ces circonstances, il sera bon de déterminer un rythme de *reporting* serré, de façon à rassurer non seulement le salarié, mais également et surtout le manager, qui prend un risque en déléguant.

Au cours d'un séminaire de management, ces

explications ont été abordées puis ressenties avec des jeux de rôles adaptés *in live* et des échanges de pratiques. Au tour de table terminant ces réunions, le mot de la fin a été prononcé avec force, humour et soulagement par Nam Durand (que j'ai promis de citer ici), brillant directeur des ressources humaines : « Finalement, dire : “un bon manager est un manager qui délègue”, c'est une connerie ! »

Notre capacité à féminiser les managers s'est cependant arrêtée à la porte des comités de direction. L'absence quasi totale de femmes dans ces instances dirigeantes est spectaculaire ! Tout au plus quelques DRH. Sans minimiser la responsabilité masculine dans cette honteuse éviction, j'émets des doutes sur la façon dont nous nous y prenons pour nous faire accepter. J'ai eu l'occasion d'assister à un petit déjeuner organisé par une société en communication sur le thème de la plus-value des femmes dans l'entreprise. Il y avait là quelques rares dirigeantes, des dirigeants, et une journaliste célèbre pour animer les débats. À la sortie, Philippe, directeur des ressources humaines au niveau mondial d'une grande entreprise de services, me confiait : « Maintenant, je comprends mieux pourquoi les boutiques de surgelés font fortune ! » Tout d'abord scandalisée par cette réplique machiste en diable, je m'interrogeai ensuite sur les raisons qui pouvaient pousser à autant de cynisme un homme reconnu pour son intelligence, son courage et son ouverture d'esprit. Sans doute, tout simplement, parce que les débats n'avaient tourné qu'autour de notre victimisation par les hommes (sans proposition de solutions), et des pourcentages qui la validaient. Ces femmes ont évidemment reconnu l'univers entrepreneurial comme essentiellement masculin, et ce de tout temps ! Et pourtant, à aucun moment elles n'ont songé à féliciter ces mêmes hommes pour leurs actions menées jusque-là, actions certainement valeureuses puisqu'il existe, grâce à eux, un très grand nombre d'entreprises florissantes. Suffisamment nombreuses d'ailleurs pour qu'il y en ait quelques-unes qui veuillent bien nous reconnaître à notre juste valeur !

Cette attitude vindicative des femmes expliquerait en partie l'existence de ce fameux plafond de verre les tenant à une distance (trop) respectueuse des postes à haute responsabilité. Concernant cette incroyable lacune, je peux témoigner cependant qu'on assiste progressivement à une prise de conscience généralisée. En effet, dans mes coachings de tous les comités de direction exclusivement composés d'hommes, l'absence de femmes a été déplorée à un moment ou à un autre... « de leur bouche à l'oreille de Dieu ! » comme dit le proverbe pied-noir, c'est-à-dire : « Espérons que leurs paroles se matérialisent ! » Je ne doute donc pas de la future mixité de ces équipes de direction. Mais il faut bien reconnaître que c'est un peu long.

En revanche, reste en suspens la question du chef d'entreprise, du chef d'industrie, du chef de société, ou du chef d'État, bref du « grand chef ». Ce poste à haut risque nécessite des savoir-faire que, sans conteste, les femmes possèdent tout autant que les hommes : diriger, gagner, donner une vision, chercher la performance, prouver l'excellence, briguer la qualité, affronter la solitude, cultiver l'urgence, être flexible, s'adapter aux changements, gérer le stress, viser le zéro défaut, oser, etc. La liste est infinie mais, quelle que soit sa longueur, absolument aucune de ces compétences n'est étrangère au monde féminin. Il existe pourtant une seule qualité pour laquelle on peut s'interroger, une qualité inéluctable pour qui dirige toute stratégie suprême, c'est la capacité à tuer. *Strategos* signifie « chef d'armée », et un chef d'armée digne de cette fonction se doit d'être animé de la pulsion de mort. Si, au sein des entreprises, il n'est pas question de tuer au sens propre, tuer au sens figuré fait partie des impératifs de tout haut dirigeant. Même si un P-DG n'est obligé de passer à l'acte qu'une fois dans toute sa carrière pour, par exemple, tuer commercialement un concurrent afin de sauver son entreprise, il faut que, cette seule fois-là, il y soit prêt. Et même s'il ne doit jamais utiliser cette aptitude guerrière, ses adversaires doivent sentir qu'il peut le faire, et ce sans état d'âme. Tout comme les hommes détiennent une bonne part de pulsion de vie, les femmes, qui possèdent elles aussi cette pulsion de mort, l'ont-elles de façon aussi développée sur ce mode exterminateur ? Une femme présidente de la République saura-t-elle, avec la détermination irréprochable requise, appuyer sur le fameux bouton rouge provoquant une attaque nucléaire hautement meurtrière ? Peut-être. Mais, animée d'une pulsion de vie opiniâtrement féminine, elle pourrait avoir une seconde d'hésitation. Ou au contraire, consciente de son trouble à gérer cette pulsion virile, elle s'obligerait, avec courage, à agir une seconde trop tôt. Dans l'un ou l'autre cas, cette seconde non synchrone serait fatale à son pays. Une femme en butte avec ce problème crucial devrait donc renoncer à ce poste suprême sous peine de subir, tout comme certains hommes, le syndrome d'imposture. Imposture qui, à la différence des hommes, serait alors double : sentiment de ne pas être à la hauteur ajouté à la crainte d'avoir usurpé la place d'un homme, plus habilité à conduire des guerres par définition sans merci. Et après avoir commencé à instiller chez certains hommes les difficultés de la mascarade, nous ajouterions maintenant l'imposture à notre structure féminine, sans en délester les hommes pour autant ?

Sur cette problématique du haut pouvoir, nous devons donc, nous les femmes, nous poser les vraies questions pour apporter les vraies réponses et par conséquent les bonnes attitudes. Il nous faut en particulier renoncer à nier les liens entre nos corps et nos comportements sous prétexte que, par le passé, cela a servi à nous emprisonner dans le rôle statique et méprisé de gardienne innocente du foyer. Non, les hormones des hommes et les hormones des femmes ne sont pas semblables. Oui, nos fonctions biologiques ont une incidence sur notre quotidien. La testostérone, hormone mâle, favorise les pulsions agressives, tandis que les hormones femelles nous poussent à plus de réceptivité. Cela ne fait pas de nous des saintes. Nous sommes les « égales » des hommes dans notre capacité à faire du mal, mais nous sommes « différentes » sur nos modes opératoires. Assassiner, violer, étriper ne sont pas des réflexes féminins. Heureusement.

Deux faits de société étayent ces faits biologiques en soulignant combien, pour certaines femmes, testostérone et pouvoir sont revendiqués comme aussi féminins ou, à l'inverse, craints comme risquant de viriliser les dirigeantes.

Lynndie England, vingt et un ans, est une jeune citoyenne américaine de l'État de Virginie. « Soldate » en Irak, elle a participé à des actes de cruauté, d'humiliation sexuelle et de sadisme envers des prisonniers. Une photo a particulièrement été diffusée : Lynndie, narquoise, une cigarette à la bouche, pointe le sexe de prisonniers nus et encagoulés. Photo choquante car dévoilant la barbarie potentielle qui sommeille en chaque humain. Mais photo d'autant plus choquante que cet humain est une « humaine ». Les médias ont donc sauté sur cette occasion pour « saluer » ce déni de l'angélisme féminin et y voir, enfin, une nouvelle démonstration de l'égalité entre les hommes et les femmes. Et voici à nouveau la confusion égalité/similitude ! Cette guerrière américaine s'est effectivement dévoilée aussi cruelle qu'un homme. Le raisonnement serait donc :

si une femme s'est montrée barbare, alors toutes les femmes peuvent l'être et nous sommes enfin sauvées, car la preuve est ainsi faite de notre similitude avec les hommes, donc de notre virilité ?

Le deuxième événement, plus ludique, découle d'une photo très glamour prise, en août 2004, sur le perron de la Moncloa à Madrid. Huit femmes ministres du gouvernement de Zapatero posent, jouant les mannequins pour le magazine espagnol *Vogue*. Coiffées, maquillées, habillées par les plus grands stylistes espagnols, elles maintiennent la pause sur un divan recouvert de peau de panthère, contre une colonne de marbre, nonchalamment assises sur l'accoudoir d'un fauteuil ou debout, les mains négligemment posées sur les hanches. Il semblerait ici que le message soit plutôt « contra-phobique »... c'est-à-dire pour déjouer une inquiétude qui serait peut-être : « Même si nous sommes au pouvoir, la testostérone ne passera pas par nous, nous conservons et conserverons notre féminité. » Inquiétude corroborée par des « précurseuses » trop célèbrement virilisées, dont Mme Thatcher est certainement la contemporaine la plus représentative.

Puisque le diamant, seul capable de couper le verre, est encore très féminin, utilisons-le de façon féminine pour désagréger ce légendaire plafond de verre. Créons notre propre style de dirigeantes, égales des hommes mais dissemblables. Sans nier les différences sexuelles ou sans revendiquer haut et fort notre féminité, mais en osant affronter clairement le problème de la pulsion de mort. Certaines y arrivent déjà, avec originalité.

À État maternant, citoyens infantiles

Comment terminer une réflexion sur la société sans mentionner l'État, ses dirigeants et sa population ? Avec, ici encore, des dérives de maternage et de régression absolument non voulues par les femmes, et même souvent fustigées par celles-ci.

En abandonnant peu à peu sa fonction princeps, diriger, pour se focaliser plutôt sur la proximité, l'urgence et la providence, l'État est lui aussi devenu maternant ! Cette proximité de l'État se traduit par plus d'écoute des opinions individuelles, et plus particulièrement des minorités et des marginaux ; par un envahissement de notre sphère privée par la sphère publique, avec une attention – au moins déclarative – sur le sens de nos vies personnelles mais aussi de nos vies avec nos enfants et notre famille ; par une sensibilité affichée au principe de plaisir, avec le souci de notre bien-être, de nos loisirs. Si le gouvernement n'est parfois plus capable d'adopter une méta-position par rapport à son peuple, c'est-à-dire d'avoir la distance, la hauteur, le recul suffisants pour maintenir le cap avant tout, qui le fera ?

L'urgence est ensuite de ne pas nous contrarier, nous les citoyens. Pour ce faire, soit l'État répond immédiatement à nos demandes, quitte à devoir se déjuger par la suite, soit il substitue au « NON ! » paternel le « oui, mais... » de la maman. Et, que nos réclamations soient justifiées ou non, pour nous faire attendre sans trop nous contredire et ainsi éviter à tout prix les conflits, les recherches abondent : livres blancs, conseils supérieurs, comités de réflexion, observatoires, commissions. La démocratie ne dérive-t-elle pas ainsi vers une gesticulation d'allure populiste ?

L'urgence étant encore de nous parler et, surtout, de nous faire parler. De façon attentive et saine, l'État a par exemple mis en place des cellules psychologiques de crise pour aider les Français confrontés à des situations collectives traumatisantes, à s'exprimer immédiatement, afin d'éviter les trop néfastes névroses post-traumatiques. Cependant, il commence à apparaître de façon sournoise quelques surprenants glissements qui seront, je le pense, vite contrecarrés par les spécialistes. Si proposer de parler est curatif, imposer de parler est préjudiciable. La télévision nous signale régulièrement l'arrivée de ces indispensables groupes d'aide à la parole, avec des commentaires de journalistes, voire d'hommes politiques néophytes mais convaincus, qui sont parfois effrayants. Tout comme dans l'histoire de Lucie, la jeune femme citée dans l'exposé sur le bilinguisme homme/femme, on entend clairement des injonctions à parler assorties de menaces psychologisantes. Le raisonnement étant grossièrement le suivant : « Méfiez-vous, si vous ne parlez pas tout de suite, vous êtes foutu ! » Or, il existe une éthique de la parole qui passe par une éthique de l'écoute, qui passe elle-même par une éthique du sujet de cette parole. Certains traumatisés, grâce à cette aide instantanée, vont effectivement évacuer les premiers effets du traumatisme. D'autres auront besoin de temps, de maturation, de respiration, d'isolement pour que, à leur rythme, le désir de parler surgisse. D'autres enfin, tels des animaux blessés, lécheront seuls leurs blessures et s'autoguériront ainsi avec leurs propres pansements (écriture, peinture, chant, sport, méditation, etc.). Sur ce thème « parler à tout prix », un ami médecin faisant partie des bénévoles venus soutenir la population de Toulouse lors de l'explosion de l'usine AZF m'a rapporté l'anecdote suivante. Au moment du débriefing final, ces généreux intervenants ont constaté que certains enfants étaient « passés », avec beaucoup de bonne volonté, trois à quatre fois entre les mains des psychologues au lieu d'une fois, mais personne n'avait songé à anticiper ce risque, ce nouveau risque de trop parler. Bien sûr cela ne remet pas en cause le professionnalisme et le dévouement de ces thérapeutes, mais cela interpelle sur le besoin de contenir ces débordements faussement « féminisants ».

Enfin, l'État-providence se veut compatissant, abondant, dispendieux, apaisant, telle une mère gavant ses petits et leur épargnant la confrontation avec les refus et la mort. Ces « deuils » sont pourtant la conséquence logique d'une attitude économe et prévoyante, à laquelle un sage gouvernement se doit de souscrire.

Or, pour supporter ces nouvelles valeurs, les hommes politiques sont dans l'obligation de jongler avec les positions de mère, de femme, d'enfant ! Mères aimantes avec des états d'âme, des émotions, des bons sentiments, de l'écoute, de la tolérance, de la douceur, du souci de notre bonheur, de l'urgence à nous combler, bref beaucoup d'amour pour une politique émotionnelle ! Pourquoi cette politique sentimentale alors que nous avons, avant tout et surtout, besoin de dirigeants justes, efficaces et visionnaires ?

Hommes politiques « féminins » encore lorsqu'ils se montrent appendus aux désirs des citoyens avec le souci d'être aimés ; « féminins » aussi dans leur sensorialité tactile pour nous toucher, au propre comme au figuré, avec de nombreuses poignées de main et de multiples bises ; « féminins » enfin lorsqu'ils parlent beaucoup, longuement, souvent pour « vider leur éponge émotionnelle », oubliant ainsi leurs capacités synthétiques masculines à parler utile, atout indispensable dans leur fonction ! Or, n'est-ce pas plutôt, lorsqu'il s'agit d'hommes, des hommes virils que nous espérons aux commandes de notre société, avec le courage, le sérieux et l'autorité dont on les sait capables ?

Enfin, hommes politiques enfantins quand ils se déclarent ni responsables ni coupables, tels les enfants devant la loi. Enfantins encore au moment des élections, avec des comportements sportifs (« On a gagné ! ») totalement déplacés : dans la gestion de la cité (étymologie de « politique »), il n'est alors absolument pas question de « jeux », mais très sérieusement d'« enjeux » !

Un État maternant et des hommes politiques ayant perdu leurs repères entraînent forcément une *mater*nisation du droit : est-ce que *mater*, « mère », et *dirigere*, « diriger », sont compatibles ? Certainement pas. Pour poser la loi, c'est-à-dire oser faire barrage aux torrents des pulsions non citoyennes, il faut consentir à ne pas être aimé. Ce qu'une mère refuse, ce qu'un père doit accepter par moments et... par devoir. L'État, aujourd'hui mère toute-puissante, douce et compréhensive, refuse donc de ne pas être aimé. L'État préfère faire montre d'une bienveillance souvent illimitée, d'un laxisme aberrant et d'une complaisance affectée. Face à des juges souvent eux aussi contaminés par les émotions, les délinquants ont « droit » à une deuxième ou à une troisième chance et les compromis vont bon train. Par ailleurs, rien ne vient faire buter aux grèves constantes et même les gendarmes (notre autorité officielle !) protestent en défilant en uniforme. Ces représentants de la loi, tout comme certains hommes politiques mis en examen, nous donnent ainsi à voir de judicieux bricolages avec la dignité. César, héros du film de Pagnol *Marius*, ne pourrait plus à présent énoncer à son fils, sentencieusement et « avé l'assent » : « Tu sais, Marius, l'honneur c'est comme une allumette, ça ne sert qu'une fois ! »

Cependant, parfois, dans un sursaut de lucidité, telle une mère consciente d'être débordée par l'impertinence de ses enfants, l'État impuissant invoque le loup-garou pour effrayer ses petits diables. Cela prend alors des formes variées : l'extrême droite le plus souvent ou, plus récemment, l'insécurité.

Que dire alors des citoyens ? Le citoyen se sait au centre des préoccupations de l'État/maman. Cet État qui, *via* les hommes politiques, lui envoie donc des messages réguliers de proximité, d'urgence, d'abondance et de complaisance par rapport aux lois. L'absence d'État et de père n'étant plus suppléée par la philosophie, la religion ou la politique, le citoyen se comporte donc comme un enfant tyran. Et comme tel il demande, sans fin, tout et tout de suite.

Tout comme les enfants sont en droit d'attendre des pères une position debout, les citoyens sont pourtant en droit d'attendre de l'État une direction et une autorité. En l'absence de celles-ci, ils régressent donc dans des positions de plus en plus infantiles, individuelles, collectives et symboliques.

Individus immatures déjouant, par exemple, la peur de la solitude grâce à un téléphone portable. Téléphone qui a fait de timides débuts en tant qu'objet transitionnel, remplaçant sécuritaire occasionnel de la mère, tel le « doudou » du bébé. Téléphone qui est à présent élevé au statut de cordon ombilical, alimentation permanente, employé plutôt comme un greffon : « E.T. téléphone maison », continuellement ! Le parallèle avec le concept cité précédemment de « capacité à être seul », énoncé par Winnicott, prend ici toute sa démesure. Capacité à être seuls et donc capacité à déjouer l'ennui, capacité à éviter l'angoisse sans divertissement continu, capacité à ne pas se détourner de soi, à ne pas divorcer de soi (« se détourner de », « divorcer de » étant les étymologies de divertissement). Est-ce que ces citoyens adultes, « addictes » à des contacts ininterrompus afin de ne jamais être seuls, étaient ces mêmes enfants sur-occupés dont il est question dans le chapitre sur la famille ? Est-ce que par ailleurs les jeunes adolescents, aujourd'hui de plus en plus nombreux à être munis de gré ou de force d'un téléphone portable, pour pouvoir joindre leur mère ou être joints constamment par elle, ne sont pas ainsi plus jamais seuls, même potentiellement ? Tels ces prisonniers rendus à la vie civile mais constamment pistés grâce à leur bracelet électronique ?

L'« idéal collectif », quant à lui, fait place à un « moi idéal » grandiose. Beaucoup de Français, animés par ce « je » infantile tout-puissant, rêvent d'être connus, célèbres, starisés, sans aucune justification, sans aucun mérite. Et la télévision, mauvaise mère gavant ses téléspectateurs d'un flux ininterrompu d'images, les écoute en leur proposant de vivre par procuration leurs rêves narcissiques, avec tous ces anonymes devenus illustres. C'est ce qui fait peut-être le succès de « Star Academy », « Loft Story » et autres *reality shows*. Ces régressions narcissiques s'accompagnent souvent d'un sadisme tout aussi rabaissant et immature, exprimé sous la forme d'exclusions imposées dans ces mêmes émissions, avec la plus « exclusive » de toutes, « Le Maillon faible ».

Enfin, en ce qui concerne les régressions infantiles symboliques, elles permettraient de comprendre l'égarement fasciste de quelques Français. Il est en effet surprenant de noter que nombre de grandes figures de l'extrême droite ou du nationalisme exacerbé ont commencé leur vie affective dans un repli incestuel [1] fusionnel avec leur mère en raison du décès de leur père dans leur jeune âge ou à l'adolescence. C'est le cas de Maurras, Brasillach, Hitler et Göring, par exemple. Cette absence réelle de géniteur a peut-être animé ces hommes d'une immuable nostalgie symbiotique avec leur mère, symbolisée à l'âge adulte par leur mère-patrie. Nostalgie qui se serait accompagnée d'une haine de tout étranger susceptible de pénétrer cette même mère-patrie, risquant de réaliser ainsi leur propre désir incestueux refoulé. Aujourd'hui, en France, l'accroissement de l'effacement symbolique des pères serait-il proportionnel à l'accroissement du nombre de citoyens attirés par ces thèses d'extrême droite ? Une masse peut effectivement manifester les mêmes symptômes qu'un individu et de ce fait vouloir exclure tous les corps Autres susceptibles de souiller la pureté de ce lien avec SA nation. Autre, tout comme le père, cet étranger à rejeter car il menace de s'immiscer entre l'enfant et son premier objet d'amour et de plaisir : sa mère.

1. Relation quasi incestueuse sans passage à l'acte.

Épilogue

Hors du simple champ de ce livre, les réflexions sur un possible « œdipe collectif » à l'origine des rejets viscéraux de l'Autre pourraient, à l'échelle internationale, apporter un nouvel éclairage aux terrorismes rédempteurs, aux conflits de territoires-frères, aux fatwas intempestives, aux luttes d'héritage entre les trois générations monothéistes, bref les violences, traumatismes et différentes terreurs renaissant des cendres du fascisme et du stalinisme, aujourd'hui moins virulents. Et avec ces nouvelles explications, peut-on tenter aussi de nouvelles solutions ?

En ce qui concerne le sujet de ce livre, puisque point une ère nouvelle de création-communication, il serait opportun de créer pour mieux communiquer et de communiquer pour mieux créer... un projet de société inédit ! Inventer une société qui tiendrait compte des différences hommes/femmes, avec une telle impartialité et un tel souci de complémentarité que les femmes n'auraient plus la tentation de féminiser les hommes pour y être intégrées.

Mais qu'est-ce que créer ? C'est avoir des idées originales, c'est tirer du néant une nouveauté. Cela peut se faire spontanément, par maturation, par démultiplication (en rebondissant sur les idées des autres), par hasard, en dépassant des contraintes, en faisant le contraire de ce qui était logique, en rêvant, en n'hésitant pas à être candide. Candide comme cette serveuse qui, un après-midi, distribuait le goûter aux membres d'un séminaire créativité. L'ordre du jour était : « Comment vendre plus de dentifrice ? » et les idées piétinaient douloureusement depuis le matin. Alors, au moment de quitter la salle, n'y tenant plus, elle osa suggérer naïvement : « Peut-être pourriez-vous faire des trous plus gros à la sortie de vos tubes ? » Ce qui fut fait !

Créer, c'est donc initier un changement. Changer le monde, c'est incontestablement ce que nous voudrions, nous les femmes, avec légitimité. Or qui dit changement dit inquiétude. Et il nous faut admettre, pour pouvoir la dépasser, que cette inquiétude, accompagnant toute mutation, est un signe d'équilibre. En effet, un être humain normalement constitué possède une structure interne suffisamment stable pour lui éviter, telle une girouette, de virevolter à tout nouveau courant d'air, d'idée. Ce souhait inconscient d'homéostasie, que rien ne bouge, entraîne donc une première réaction de peur, moins grande cependant lorsqu'il s'agit d'un changement de type 1 que lorsqu'il s'agit d'un changement de type 2. Un changement de type 1, c'est un mouvement dans la continuité qui pourrait se traduire par « toujours plus de la même chose ». C'est ce que nous faisons au quotidien. Manger, dormir, travailler, c'est chaque jour un peu la même chose, tout en étant chaque jour un peu différent. En effet, comme l'affirmait Héraclite : « On ne se baigne jamais deux fois dans la même rivière », la seconde fois, l'eau est différente... et nous aussi ! Le changement de type 2 décrit, quant à lui, un bouleversement en rupture avec l'existant, une sortie du cadre habituel, une création, donc. C'est, par exemple, dans une entreprise spécialisée dans la colle et mettant un point d'honneur à trouver des glus de plus en plus fortes (changement 1), produire soudain des Post-It, fabriqués avec de la colle-qui-ne-colle-pas (changement de type 2) ! Il faut savoir que lorsqu'un changement de type 2 est prôné, l'appréhension habituelle face à toute transformation peut alors se muer en peur panique.

Les femmes désirent, à l'évidence et avec justesse, une modification sociale rompant avec un passé lourdement machiste. C'est donc un changement du deuxième type, celui qui engendre le plus de résistance, celui qui nécessite les plus grandes précautions si nous voulons le réussir. Mais pour l'instant, ce que nous tentons d'initier serait plutôt un changement inédit, pouvant être qualifié de troisième type tant il semble plus martien que terrien : transformer les hommes en femmes ! Et nos compagnons réagissent le plus souvent en restant bloqués dans les étapes antérieures à l'acceptation. Certains sont donc dans le « déni », d'autres progressent vers le « marchandage », quelques-uns sont manifestement « déprimés ». Déni, marchandage et déprime étant les trois stades logiques qui succèdent, dans cet ordre, à la peur du changement, avant d'en arriver au consentement. Consentement à se féminiser, étape que, je l'espère, les hommes n'atteindront jamais !

Et si nous, les femmes, nous renoncions plutôt à nos chimères de travestissement des mâles et que nous revenions à notre projet initial, en terminer avec ce primat social du masculin ? Projet de mixité égalitaire, bien plus respectueux pour les hommes et pour nous-mêmes, mais tout aussi ardu car hors du commun. Nous pourrions alors suivre les théories systémiques qui ont des méthodes éprouvées en matière d'éthique pour parvenir à une acceptation dynamique des individus vers ces changements de type 2.

Pourquoi ne pas s'inspirer, pour la société, des outils de la conduite du changement qui commencent à être appliqués dans les entreprises [1] ? Et en ce qui concerne l'amorce d'un changement en rupture, j'y ajouterai des découvertes personnelles.

Voilà comment nous pourrions procéder. Tout d'abord, proclamer le changement à grand bruit n'est pas une bonne idée, car cela accroît la peur. Tout le monde a en mémoire la fameuse phrase de Claude Allègre, ministre de l'Éducation nationale : « Il faut dégraisser le mammouth ! » Il souhaitait avertir ainsi les Français de son intention de réformer considérablement son ministère. Il a été très rapidement destitué de ses fonctions. Cet effet d'annonce ne lui a sans doute pas permis d'accomplir cette tâche, très en rupture avec les mentalités routinières ! De la même manière,

1. J.-A. MALAREWICZ, *Systémique et entreprise. Coaching, relations interpersonnelles, changement*, Paris, Village Mondial, 2002.

un autre ministre de l'Éducation nationale (décidément, ce ministère n'est à l'évidence pas facile !), Edgar Faure, a regretté la difficulté à promouvoir avec force des transformations : « J'ai voulu initier le changement, j'ai mis en marche l'immobilisme et je ne sais plus comment l'arrêter ! » De la même façon, les femmes gagneraient à agir pour leur progrès et à moins en parler.

La patience est également un atout primordial pour réussir, car les modifications importantes se font selon des processus composés d'essais et d'erreurs, de multiples rétroactions, de modifications d'état d'esprit, d'apprentissages et de désapprentissages, puis d'implications émotionnelles. Nous devons donc accepter certaines lenteurs et être encore persévérantes, à condition toutefois de vérifier la progression constante de notre objectif.

Il nous faut ensuite savoir que le changement provient souvent de la marge et, de ce fait, ne pas hésiter à nous atteler à des détails, à un travail de fourmis plutôt que de viser à ce que tout arrive en même temps pour toutes. Les premières victoires de nos anciennes se sont d'ailleurs déroulées de la sorte : première femme à Polytechnique, première femme pilote de ligne, droit à l'avortement et droit de vote que d'ailleurs seulement quelques-unes ont utilisé au début, car pour les femmes aussi le changement, même souhaité, fait peur. Peur rationnelle, car « créer c'est détruire », disait avec pertinence Picasso.

Enfin, pour obtenir la complicité des personnes réticentes, il est indispensable de les amener elles-mêmes à imaginer les changements de type 2, ces bouleversements spectaculaires. Si ceux-ci sont bénéfiques, il sera aisé de le leur démontrer en respectant sincèrement les changements de type 1, ordinaires, déjà réussis. À quel moment, nous les femmes, avons-nous cherché à reconnaître le travail accompli jusqu'ici par les hommes dans notre société effectivement trop masculine ? Bien sûr, tout n'est pas parfait, mais si nous envisagions de recenser, honnêtement admiratives, toutes leurs réussites, toutes leurs victoires, tous leurs mérites, tout leur travail, tout leur courage, toute leur abnégation... alors, forcément, l'un d'entre eux se lèverait pour nous remercier et ajouter lui-même la petite phrase magique : « Oui, mais tout n'est pas si irréprochable... » Nous aurions ainsi l'acceptation tant attendue ! En honorant ses membres, cette société d'hommes nous ouvrira les bras plus sûrement qu'en les jugeant.

Et puisque la candeur est une des méthodes possibles de créativité, pourquoi ne pas imaginer que, hommes et femmes ainsi réconciliés, nous pourrions enfin arrêter d'insulter le futur en co-créant notre nouvelle communauté de façon tendre et ludique ? Projet « baba cool » ? Et pourquoi pas ? « Ils ne savaient pas que c'était impossible, alors ils l'ont fait[1]. »

1. De Mark Twain, d'après Héraclite.

CONCLUSION

Marlaguette se prénomme en fait Marie-Olga, mais on dit Marlaguette pour faire plus court et plus gentil. Un jour la petite fille, en se promenant dans la forêt, est emportée par un loup qui l'entraîne vers sa caverne pour la manger. Or, en rentrant chez lui, le loup se cogne contre son toit de rocher et tombe en lâchant Marlaguette. La fillette commence à s'enfuir lorsqu'elle se rend compte que le loup est assommé, et qu'un peu de sang coule de sa tête blessée. Alors elle reste près de lui et, sur un matelas de mousse et de feuilles, le soigne avec son mouchoir comme pansement, avec une fougère comme parasol, avec un bol de tisane comme médicament. Le loup découvre le bonheur d'être dorloté... même si la tisane est bien fade ! Cependant, au bout de huit jours de ce traitement, la faim le tenaille et il croque avidement un geai. Marlaguette, furieuse, lui donne une grosse fessée, boude pendant le reste de la promenade et ne lui serre pas la patte au moment de rentrer chez elle. Le loup, pour se faire pardonner, promet à sa si douce maîtresse de ne plus jamais manger les animaux de la forêt. Et il tient sa promesse malgré les multiples tentations et la faim croissante. Il se nourrit bien sûr de framboises, de myrtilles, de champignons, d'herbes, mais l'anémie le guette. Heureusement, un vieux bûcheron prévient un jour Marlaguette : « Il est en train de mourir, ton ami le loup ! » La fillette pleure beaucoup, réfléchit tout autant et, au matin, dit au loup : « Je te délie de ta promesse, vis comme vivent les loups. » Et, en peu de temps, le loup redevient beau et fort[1].

Combien de fois ai-je pleuré en lisant cette histoire, dans mon lit de petite fille ? Et aujourd'hui, adulte, comment ne pas comparer avec autant de tristesse Marlaguette à l'héroïne du film *Un jour sans fin*, résumé dans l'introduction ? Et comment ne pas poursuivre cette comparaison avec les multiples femmes niant les différences sexuées humaines en imposant aux hommes leur propre « régime », au risque de les anémier – du grec *a-hamia*, « privé de sang » ! De ce sang symbole de « force vitale » et de « vigueur », composantes essentiellement masculines – les deux sens étymologiques du latin *sanguis* ! Et si, comme Marlaguette, nous réfléchissions nous aussi, et qu'un matin nous disions à nos compagnons : « Vivez comme vivent les hommes ! » Et si, en peu de temps, ceux-ci redevenaient beaux et forts ? Et si

1. Marie COLMONT, *Marlaguette*, Paris, Flammarion, album du Père Castor, 1993.

nous cessions alors, après les avoir féminisés, de questionner de façon innocente et lancinante : « Mais où sont les hommes ? »

En France, la guerre des sexes est censée être terminée depuis longtemps, même s'il reste encore de nombreuses poches de résistance. Dans cette société masculine, notre identité est reconnue, notre être social accepté, nos qualités valorisées. Il nous faut donc arrêter de nous perdre dans ce combat contre les hommes. En effet, puisque l'ennemi a rendu les armes, nous ne pouvons que commettre des dégâts collatéraux, des dégâts envers ceux qui sont ensemble à nos côtés (« collatéraux », *cum latus*), c'est-à-dire... les hommes. Cette façon de les percevoir comme bourreaux potentiels organise d'ailleurs une dépendance à leur endroit et renforce notre sentiment d'être écrasées sous leur joug.

N'est-ce pas reconnaître leur suprématie que de réfléchir avec leurs critères, dans leur camp, sur leur mode, dans leurs domaines ? Et finalement, est-ce que cette attitude ne nous amène pas à appauvrir nos propres richesses ? Pourquoi tenter de nous imposer en féminisant les hommes, au risque finalement d'en arriver nous aussi à cloisonner, l'amour d'un côté, la sexualité de l'autre, le travail d'un côté, les enfants de l'autre, et ainsi de suite ? Et, à force de les féminiser, nous masculiniser « à l'insu de notre plein gré » et perdre ainsi l'association féminité, maternité, sororité, donc notre singularité à mener de front tous nos rôles en même temps ? Pourquoi ne pas être créatives et inventer nos propres solutions ? Refusons d'être des « chiennes de garde », mais soyons plutôt des « chattes de gouttière », pour leur côté libre et sensuel !

Ces constatations subjectives ont bien sûr des allures de réquisitoire envers les femmes. Il ne s'agit pourtant que de prendre notre part de responsabilités dans les désordres sociaux actuels, condition nécessaire pour pouvoir instruire ensuite la responsabilité des hommes et les inviter à y travailler de leur côté, puis avec nous. Car, bien sûr, les hommes ont leur propre lot d'implication ! Si, par éthique, j'ai fait le choix de « balayer devant notre porte féminine », ce serait leur faire injure que de les penser totalement à la merci de nos seules volontés et pauvres victimes consentantes !

Or, pour balayer devant notre porte, il nous faut adopter une attitude humble, tirée de la terre, *humus*. Puis, dans cette terre commune aux deux sexes, il nous faudrait semer des graines écologiques pour une culture de l'écoute, une culture de la différence, une culture de la curiosité, une culture de l'accueil de l'étranger, cet Autre si mystérieux et si porteur de promesses (*promittere*, « développer » !).

Le salut ne peut être collectif. Il passe par la réflexion identitaire de chacune et de chacun. Cependant, seules et toutes ensemble, nous, les femmes, pourrions nous soutenir pour être « justes » (du grec *ethos*), pour avoir le courage, la lucidité, la passion de l'« éthique ». Nous soutenir pour renoncer à cette aliénation de l'Autre et donc refuser de réduire les hommes à nous-mêmes.

Et si, pour ce faire, nous, anciennes soixante-huitardes, nous nous rapprochions de certains jeunes des nouvelles générations qui semblent avoir su tricoter des chemins innovants pour une conciliation respectueuse des sexes et des rôles de chacun ? Et si nous écoutions aussi ces autres jeunes, plus en souffrance car porteurs eux de nos fardeaux transmis, et qui semblent englués dans des problématiques inextricables ? Et si, alors, avec notre maturité, les réflexions novatrices des uns et les solutions-médicaments des autres, nous tentions de créer de vraies pistes de travail pour éviter d'aggraver ces guerres identitaires ? Et si, enfin réconciliées avec nous-mêmes, nous faisions appel aux hommes pour nous épanouir avec eux dans notre identité, dans nos familles, dans notre société, dans le monde ?

Bien sûr, je désirerais ardemment que les hommes sachent aussi, de temps en temps, par respect et amour d'eux-mêmes et des femmes, parler, écouter, clarifier leur position d'être désirant et désiré, acter leurs paroles et leur Parole, comprendre la femme que je suis et qui continue à chercher à être femme, seule, par eux et avec eux. C'est mon vrai désir intime et « extime », pour moi et pour les autres. Cependant, un désir est étymologiquement une prière, une demande... Or, entre « demander » et « imposer », il y a un pas que nous, femmes, ne devrions jamais plus franchir.

C'est pourquoi, si ces enrichissements masculins que je souhaite ne s'imposent pas spontanément aux hommes comme une évidence vitale, comme un désir décidé, surtout, surtout, qu'ils ne se travestissent pas, qu'ils restent eux-mêmes, et... ainsi soient-ils.

REMERCIEMENTS

En tout premier lieu, un immense merci à Christine Kerdellant, à l'origine de ce projet dont elle a su m'accoucher avec délicatesse, conviction, ténacité et respect. Elle m'a ainsi permis de me découvrir essayeuse (qui essaie d'écrire et qui écrit un essai) et, en même temps, de la découvrir, avec un immense plaisir, en tant qu'authentique amie.

Mille mercis, pour sa chaude tendresse, à la famille D'izzia, ma famille d'adoption varoise qui m'a accompagnée avec délicatesse et humour dans ma dernière ligne droite : merci donc tout d'abord à mon amie-sœur Françoise, à son exceptionnel époux Jean-Michel, à ma tendre filleule Émilie, à ma si jolie presque-filleule Clémentine, à Hélène et son adorable Claude, et un coucou à Sébastien.

De nombreux remerciements à Hervé, pour sa bienveillante amitié et ses encouragements permanents, presque convaincants.

Un merci particulier à Nawel, première lectrice femme, pour son appui toujours confiant et très stimulant.

Merci à Sylvie, vraie et rare libraire de L'Attrape-Cœurs, 4 place Constantin-Pecqueur à Montmartre.

Affectueux merci à Mélody, « mon » assistante zélée pour son précieux travail mais aussi pour sa douce et discrète protection. Une mention très spéciale à Patrice Riboud, président fondateur de Protravel, qui a acté ses encouragements avec simplicité, humour et efficacité.

Un immense merci à plusieurs dirigeants qui ont bien voulu, à brûle-pourpoint, me livrer leurs réflexions. Par ordre des rencontres :

– Xavier Fontanet, P-DG de Essilor qui, en mettant en avant la « méritocratie », éclaire le débat de façon positive ;

– Philippe Lemoine, co-président du directoire du groupe Galeries Lafayette, pour la pertinence et la richesse immédiates de ses remarques profondes et originales ;

– Robert Zolade, vice-président de Elior, dynamique dirigeant au sens aigu des responsabilités ;

– Isabelle Koch, vice-président sales EMEA, haute dirigeante exemplaire puisqu'elle sait diriger tout en restant une vraie femme.

Ma reconnaissance va également à Nicolas Schilfarth, premier homme qui a bien voulu jouer le jeu de la confiance et me parler à cœur ouvert.

Merci pour leurs conversations débridées et encourageantes à Gilles, Éric, Marco, Jean-Paul, Jean-Pierre, Thierry, Anne et Charles, Marie et Pierre.

Remerciements

Merci au responsable du service documentation du *Figaro*, Jacques Baignières, pour son professionnalisme rapide et énergique.

Des remerciements très particuliers à Ronald Blunden, mon éditeur, pour sa confiance tranquille, ses intuitions « masculines » et ses autorisations convaincantes à me dépasser.

Des nombreux mercis à mes « tontons » Paul et Malik, pour leur grande tendresse et leur soutien attentif.

Merci, enfin et toujours, à Delphine et à Damien pour leurs pertinentes remarques de femme et d'homme éthiques, généreux, créatifs, entiers, responsables et gais.

TABLE DES MATIÈRES

Photocomposition
Nord Compo (Villeneuve-d'Ascq)
Achevé d'imprimer en janvier 2005
par **Bussière**
pour le compte des éditions Calmann-Lévy
31, rue de Fleurus, Paris 6[e]

Dépôt légal : janvier 2005.
N° d'éditeur : 13821/01.
N° d'impression : 045317/1.

Imprimé en France